BRIAN GAGG

WORTSUCHRÄTSEL SAMMELBAND 2 in 1

HUNDE und KATZEN

Bibliografische Information der Deutschen Nationalbibliothek:
Die Deutsche Nationalbibliothek verzeichnet diese Publikation in der Deutschen Nationalbibliografie; detaillierte bibliografische Daten sind im Internet über http://dnb.dnb.de abrufbar.

Herstellung und Verlag: BoD – Books on Demand, Norderstedt
ISBN: 9783755701545

Inhaltsangabe Seite

Einleitung

Auf den folgenden Seiten finden sich thematisch sortierte Wortsuchrätsel.
Um ein Wortsuchrätsel zu lösen, müssen alle jeweils aufgelisteten Worte in der darüber befindlichen Buchstabenmatrix gefunden werden. Ist ein Wort gefunden, sollte es mit einem Stift umkreist und das gefundene Wort aus der Liste gestrichen werden. Sind alle Worte aus der Liste gefunden, ist das Rätsel gelöst. Bei Schwierigkeiten ein Rätsel zu lösen, kann die Lösung jeweils auf der Rückseite nachgeschaut werden. Die zu findenden Worte sind jeweils als ganzes (d.h. immer nur in einer Richtung und ungebrochen) in der Matrix nach folgenden Regeln versteckt:

- Suchworte können sich überlagern, d.h. ein Buchstabenkästchen kann von mehreren Suchworten genutzt sein.

- Worte können vorwärts, rückwärts, horizontal, vertikal oder diagonal in der Matrix versteckt sein.

- Suchworte stehen für sich alleine und sind unter- oder nebeneinander aufgelistet.

R	V	T	J	U	C	N	W	V	S	O	V	O	Y	Q	X	K	S	X
E	I	S	K	G	B	X	Y	Z	A	A	X	L	P	C	N	X	T	I
Z	A	Y	L	G	D	Y	M	Q	R	O	V	K	N	G	N	C	L	E
U	H	H	E	O	J	W	B	G	Y	M	D	K	R	Y	E	U	I	H
A	G	K	I	C	Q	A	I	A	H	R	Z	V	B	O	R	T	C	H
N	O	P	F	C	H	Z	G	H	Z	G	P	E	J	B	E	A	G	F
H	K	F	S	L	E	F	R	D	V	V	D	E	W	W	I	V	F	C
C	L	N	Y	W	Q	C	S	H	H	Z	E	R	L	I	T	W	K	U
S	K	V	N	Y	J	R	H	C	T	U	C	E	M	N	R	R	R	I
G	J	N	U	J	Y	U	U	W	T	N	N	T	F	T	O	E	A	V
R	U	M	A	U	L	K	O	R	B	J	H	D	G	E	P	E	L	H
E	I	A	S	A	P	V	B	P	P	F	S	U	S	R	P	R	L	O
W	E	H	J	Z	W	E	R	G	S	P	I	T	Z	F	A	N	E	C
Z	B	L	U	I	S	I	Q	J	W	B	Q	K	D	E	K	F	N	B
W	R	N	N	N	B	O	H	W	E	C	P	W	B	L	R	Q	P	H
D	N	L	W	O	D	O	E	G	L	U	H	H	E	L	E	T	F	Q
B	K	L	D	M	X	E	L	Z	B	A	W	I	M	U	P	Z	L	C
V	E	J	I	L	X	E	Z	A	T	P	B	A	Z	Y	Z	V	E	L
G	S	J	Q	U	I	S	D	U	B	I	Y	R	Q	E	X	V	G	Y
F	H	N	M	T	I	U	Z	D	C	J	N	O	A	S	Y	V	E	O
Z	O	H	H	Z	R	P	G	V	X	H	W	L	V	D	M	V	L	Q
Q	G	U	P	T	T	E	B	B	V	M	T	S	V	X	O	Q	Z	F
B	N	Q	N	E	X	P	L	M	P	Y	D	O	Q	M	N	R	C	T
D	B	T	L	S	T	B	K	E	S	W	I	Q	X	P	D	Y	B	R

1

BEGLEITHUND
ZWERGSCHNAUZER
MAULKORB
LABRADOR
APPORTIEREN

KRALLENPFLEGE
JAGDHUND
HUNDEZUCHT
ZWERGSPITZ
WINTERFELL

Lösung

R V T J U C N W V S O V O Y Q X K S X

E I S K G B X Y Z A A X L P C N X T I

Z A Y L G D Y M Q R O V K N G N C L E

U H H E O J W B G Y M D K R Y E U I H

A G K I C Q A I A H R Z V B O R T C H

N O P F C H Z G H Z G P E J B E A G F

H K F S L E F R D V V D E W W I V F C

C L N Y W Q C S H H Z E R L I T W K U

S K V N Y J R H C T U C E M N R R R I

G J N U J Y U U W T N N T F T O E A V

R U M A U L K O R B J H D G E P E L H

E I A S A P V B P P F S U S R P R L O

W E H J Z W E R G S P I T Z F A N E C

Z B L U I S I Q J W B Q K D E K F N B

W R N N N B O H W E C P W B L R Q P H

D N L W O D O E G L U H H E L E T F Q

B K L D M X E L Z B A W I M U P Z L C

V E J I L X E Z A T P B A Z Y Z V E L

G S J Q U I S D U B I Y R Q E X V G Y

F H N M T I U Z D C J N O A S Y V E O

Z O H H Z R P G V X H W L V D M V L Q

Q G U P T T E B B V M T S V X O Q Z F

B N Q N E X P L M P Y D O Q M N R C T

D B T L S T B K E S W I Q X P D Y B R

A	V	B	X	A	K	Q	F	T	L	V	C	X	X	Q	T	D	L	D
P	G	F	F	Y	G	K	W	V	Y	Y	K	M	X	X	E	T	L	A
K	H	U	N	D	E	K	U	C	H	E	N	S	T	N	N	F	S	N
D	I	E	X	Q	V	V	T	A	X	L	E	E	T	U	R	R	P	R
F	S	J	V	U	Q	C	Q	L	B	W	N	P	R	K	C	G	B	X
A	V	R	U	E	T	N	K	W	E	W	V	B	V	U	O	W	M	C
U	Z	F	N	N	I	S	S	H	C	U	R	E	G	B	R	F	I	B
Y	O	P	W	U	S	E	N	N	E	N	H	U	N	D	Y	J	T	D
Z	H	Y	X	K	R	L	Z	F	F	O	L	F	O	E	U	I	C	K
P	R	E	S	E	N	A	V	A	H	W	Y	C	V	P	E	T	M	H
P	E	I	L	L	O	C	R	E	D	R	O	B	P	K	X	A	L	T
E	C	F	T	Y	X	A	Y	D	R	L	U	M	G	M	Y	U	T	P
I	B	F	X	G	T	X	W	R	Z	C	F	I	H	B	W	T	T	L
L	M	M	T	A	T	P	O	O	T	G	S	I	L	E	G	L	X	S
T	I	A	Q	W	O	W	Y	I	Q	S	A	Z	H	L	X	O	Q	F
O	X	N	K	S	F	U	P	N	I	V	N	F	G	G	O	L	M	N
E	U	O	C	F	S	R	G	B	F	S	T	O	C	K	H	A	A	R
F	J	X	J	F	E	F	F	E	R	M	W	S	A	I	G	R	K	Z
K	G	K	S	C	R	M	H	E	O	H	S	W	W	M	B	L	O	V
L	Y	L	T	R	W	S	O	K	M	H	D	I	P	O	K	T	E	C
W	T	P	G	G	K	K	M	M	D	R	U	R	V	S	P	A	K	P
D	R	N	W	X	P	I	Y	G	D	C	B	C	U	E	Y	C	U	F
C	I	I	G	L	A	T	T	H	A	A	R	W	J	K	Q	A	L	L
E	Z	R	M	B	U	V	L	Y	R	K	I	L	M	U	M	K	P	V

2

GERUCHSSINN
RUTE
HAVANESER
GLATTHAAR
WURF

BORDERCOLLIE
HUNDEKUCHEN
SENNENHUND
STOCKHAAR
BISSIGKEIT

Lösung

A V B X A K Q F T L V C X X Q T D L D
P G F F Y G K W V Y Y K M X X E T L A
K H U N D E K U C H E N S T N N F S N
D I E X Q V V T A X L E E T U R R P R
F S J V U Q C Q L B W N P R K C G B X
A V R U E T N K W E W V B V U O W M C
U Z F N N I S S H C U R E G B R F I B
Y O P W U S E N N E N H U N D Y J T D
Z H Y X K R L Z F F O L F O E U I C K
P R E S E N A V A H W Y C V P E T M H
P E I L L O C R E D R O B P K X A L T
E C F T Y X A Y D R L U M G M Y U T P
I B F X G T X W R Z C F I H B W T T L
L M M T A T P O O T G S I L E G L X S
T I A Q W O W Y I Q S A Z H L X O Q F
O X N K S F U P N I V N F G G O L M N
E U O C F S R G B F S T O C K H A A R
F J X J F E F F E R M W S A I G R K Z
K G K S C R M H E O H S W W M B L O V
L Y L T R W S O K M H D I P O K T E C
W T P G G K K M M D R U R V S P A K P
D R N W X P I Y G D C B C U E Y C U F
C I I G L A T T H A A R W J K Q A L L
E Z R M B U V L Y R K I L M U M K P V

Z	D	G	Y	Z	D	M	S	V	N	L	O	R	H	B	Y	Q	N	U
J	T	X	A	T	P	H	A	L	W	H	I	P	P	E	T	N	I	G
A	L	S	Z	I	V	R	A	Y	G	A	M	S	Y	U	F	C	D	P
X	Y	O	Y	A	I	V	S	Z	H	N	E	P	A	A	K	A	N	B
K	J	W	Z	J	A	U	W	W	Q	N	G	R	Z	O	K	D	E	J
N	L	W	T	O	X	O	O	G	H	B	S	K	N	D	V	P	U	B
Y	G	C	W	Q	G	Y	Y	I	A	U	D	S	N	K	G	T	H	Y
S	V	Q	E	D	S	T	Z	F	U	J	T	U	R	Y	G	Z	A	A
D	K	H	P	B	H	W	Q	K	Z	I	H	Z	L	A	E	V	A	S
N	A	C	L	X	B	E	Z	O	T	N	P	N	Z	X	V	H	G	I
U	X	F	V	T	Z	W	S	U	E	I	C	Q	E	K	B	J	M	Z
H	V	E	G	Z	D	P	T	T	L	S	J	D	Q	R	E	A	L	O
N	A	H	S	A	U	I	T	S	B	O	G	W	M	T	V	W	K	Y
E	N	Y	E	F	O	E	P	K	R	I	E	R	E	I	R	R	E	T
T	V	U	E	N	K	Q	Y	I	L	X	M	V	M	K	B	P	G	S
R	J	R	N	V	B	F	N	B	Y	P	B	O	P	L	G	K	S	H
I	X	E	L	A	D	E	R	I	A	V	R	R	E	A	K	J	Y	T
H	S	R	A	H	U	I	P	X	C	A	N	E	C	O	R	S	O	U
W	H	K	I	A	D	V	M	H	X	K	W	K	R	X	Y	L	V	W
R	C	P	F	D	A	A	N	G	J	J	M	Y	T	X	Q	D	Q	L
G	J	Q	K	Q	D	R	G	P	M	F	X	X	T	G	J	F	V	L
X	G	S	V	C	N	K	S	R	T	O	H	B	S	N	V	I	D	O
Z	H	L	I	N	T	E	L	L	I	G	E	N	Z	J	Z	H	H	T
C	Y	V	G	S	A	C	F	X	Y	S	W	S	A	F	J	C	M	O

KONSTITUTION
MAGYARVIZSLA
INTELLIGENZ
AIREDALE TERRIER
KETTENHUND
WHIPPET
CANECORSO
HIRTENHUND
TOLLWUT
HUENDIN

Lösung

Z	D	G	Y	Z	D	M	S	V	N	L	O	R	H	B	Y	Q	N	U
J	T	X	A	T	P	H	A	L	W	H	I	P	P	E	T	N	I	G
A	L	S	Z	I	V	R	A	Y	G	A	M	S	Y	U	F	C	D	P
X	Y	O	Y	A	I	V	S	Z	H	N	E	P	A	A	K	A	N	B
K	J	W	Z	J	A	U	W	W	Q	N	G	R	Z	O	K	D	E	J
N	L	W	T	O	X	O	O	G	H	B	S	K	N	D	V	P	U	B
Y	G	C	W	Q	G	Y	Y	I	A	U	D	S	N	K	G	T	H	Y
S	V	Q	E	D	S	T	Z	F	U	J	T	U	R	Y	G	Z	A	A
D	K	H	P	B	H	W	Q	K	Z	I	H	Z	L	A	E	V	A	S
N	A	C	L	X	B	E	Z	O	T	N	P	N	Z	X	V	H	G	I
U	X	F	V	T	Z	W	S	U	E	I	C	Q	E	K	B	J	M	Z
H	V	E	G	Z	D	P	T	T	L	S	J	D	Q	R	E	A	L	O
N	A	H	S	A	U	I	T	S	B	O	G	W	M	T	V	W	K	Y
E	N	Y	E	F	O	E	P	K	R	I	E	R	E	I	R	R	E	T
T	V	U	E	N	K	Q	Y	I	L	X	M	V	M	K	B	P	G	S
R	J	R	N	V	B	F	N	B	Y	P	B	O	P	L	G	K	S	H
I	X	E	L	A	D	E	R	I	A	V	R	R	E	A	K	J	Y	T
H	S	R	A	H	U	I	P	X	C	A	N	E	C	O	R	S	O	U
W	H	K	I	A	D	V	M	H	X	K	W	K	R	X	Y	L	V	W
R	C	P	F	D	A	A	N	G	J	J	M	Y	T	X	Q	D	Q	L
G	J	Q	K	Q	D	R	G	P	M	F	X	X	T	G	J	F	V	L
X	G	S	V	C	N	K	S	R	T	O	H	B	S	N	V	I	D	O
Z	H	L	I	N	T	E	L	L	I	G	E	N	Z	J	Z	H	H	T
C	Y	V	G	S	A	C	F	X	Y	S	W	S	A	F	J	C	M	O

Z F C V M K O Z A B Q P Z X U D C R C
A A W U G E O H R L L X O F N I E A K
P L A K E T T E N N A D M U Z T S A Q
C S F I D G L K B E M K H T R J B L B
D N U H T S N E I D U S O I N N N P E
C E K E Q P F C U R T A E S W A L Y M
F C L Y A A C E I E L V K A X I W A F
V H D T K B W G A F E Y Y W E H E R S
R X R V X O J T Y R T P T Q P I H K V
Y U R U T E I B A D V H E I E O J E T
V P T H O N H H I I C L N S E I U D Q
M B P F A U O F A I Z L Z G U Q P N T
V Y V S J V L T L I R P N H J E J U F
A M B G F P N F O L N E K S C N A H A
J K E Z H F P K L K A Q O K R C Q L G
T N F L Y T M X K H L O W V Q O X W E
K V H M F S I M W B N X R M T Z Y H A
N Y D A B G Q X J U C K R E I Z J S D
V I H J U S A S Q V T V U P O R F Z P
A D C P K V S Y P K V C I N E D L O G
B I W T Y V A E S L I T H K I T L C N
P S U F X I Q T I U R A A H T T O Z R
W J E O J Q E J K H A C J W N Y S S Z
A G D H D U F N C N W W K A G U W X F

HAENGEOHR
DIENSTHUND
HUNDE HAFTPFLICHT
PLAKETTE
JUCKREIZ

SANITAETSHUND
ZOTTHAAR
KAUEN
GOLDEN RETRIEVER
LAEUSE

Lösung

Z F C V M K O Z A B Q P Z X U D C R C
A A W U G E O H R L L X O F N I E A K
P L A K E T T E N N A D M U Z T S A Q
C S F I D G L K B E M K H T R J B L B
D N U H T S N E I D U S O I N N N P E
C E K E Q P F C U R T A E S W A L Y M
F C L Y A A C E I E L V K A X I W A F
V H D T K B W G A F E Y Y W E H E R S
R X R V X O J T Y R T P T Q P I H K V
Y U R U T E I B A D V H E I E O J E T
V P T H O N H H I I C L N S E I U D Q
M B P F A U O F A I Z L Z G U Q P N T
V Y V S J V L T L I R P N H J E J U F
A M B G F P N F O L N E K S C N A H A
J K E Z H F P K L K A Q O K R C Q L G
T N F L Y T M X K H L O W V Q O X W E
K V H M F S I M W B N X R M T Z Y H A
N Y D A B G Q X J U C K R E I Z J S D
V I H J U S A S Q V T V U P O R F Z P
A D C P K V S Y P K V C I N E D L O G
B I W T Y V A E S L I T H K I T L C N
P S U F X I Q T I U R A A H T T O Z R
W J E O J Q E J K H A C J W N Y S S Z
A G D H D U F N C N W W K A G U W X F

L	D	K	T	G	G	L	D	R	O	T	I	Q	D	L	P	V	J	R
C	V	D	R	L	M	Y	R	X	C	S	E	C	A	L	Z	H	J	B
P	Q	M	V	T	T	H	E	M	J	K	T	E	L	N	E	T	O	T
N	V	L	P	Z	T	W	R	Z	N	Z	U	M	Y	L	Q	I	Y	H
X	Q	Z	X	S	M	H	E	V	J	F	Y	K	S	U	H	K	O	L
R	U	J	D	M	E	M	L	O	E	S	F	T	N	K	W	J	K	N
Y	I	G	C	U	A	I	I	K	W	W	T	Z	B	L	A	C	V	Q
M	B	S	L	A	C	N	E	D	E	R	A	A	Q	H	I	I	L	U
Z	Q	E	B	W	J	Q	W	X	B	M	A	Y	J	W	N	K	F	R
Z	N	O	P	J	M	Y	T	S	A	Z	G	A	B	G	L	A	N	T
P	N	B	B	C	B	B	T	N	F	C	T	V	H	D	D	A	X	A
N	W	F	P	H	H	O	O	C	D	T	S	D	I	K	I	I	I	K
A	W	G	L	N	P	V	R	Z	R	N	R	K	N	R	C	K	R	X
K	D	Y	M	S	U	P	D	L	H	T	A	F	E	W	F	E	U	Z
J	C	J	A	P	C	M	Z	R	H	R	L	B	D	G	U	A	D	M
F	N	E	R	H	E	U	F	R	O	V	I	U	S	Z	G	F	T	O
Y	I	U	T	T	I	V	T	D	D	S	J	C	U	L	E	C	F	O
X	P	Z	B	Y	H	U	E	I	S	V	N	N	I	D	A	Q	B	Y
B	Z	E	N	T	I	E	K	M	A	S	G	L	O	F	B	H	V	Y
R	G	V	A	I	L	E	F	Z	E	N	M	V	K	T	G	D	S	U
M	E	Y	W	V	M	Q	F	Y	W	Z	W	U	V	F	V	J	J	Z
J	W	I	M	A	R	S	Y	K	H	P	Y	K	X	K	I	E	G	A
C	C	C	F	P	R	C	A	Z	Q	G	P	Y	U	P	R	Y	U	H
Z	Q	H	F	U	C	S	Q	J	C	F	D	I	F	G	V	Z	B	M

5

DECKHAAR
HALSBAND
LEFZEN
KREUZUNG
ROTTWEILER

HEULEN
SIBERIAN HUSKY
FOLGSAMKEIT
LAEUFE
VORFUEHREN

Lösung

L D K T G G L D R O T I Q D L P V J R
C V D R L M Y R X C S E C A L Z H J B
P Q M V T T H E M J K T E L N E T O T
N V L P Z T W R Z N Z U M Y L Q I Y H
X Q Z X S M H E V J F Y K S U H K O L
R U J D M E M L O E S F T N K W J K N
Y I G C U A I I K W W T Z B L A C V Q
M B S L A C N E D E R A A Q H I I L U
Z Q E B W J Q W X B M A Y J W N K F R
Z N O P J M Y T S A Z G A B G L A N T
P N B B C B B T N F C T V H D D A X A
N W F P H H O O C D T S D I K I I I K
A W G L N P V R Z R N R K N R C K R X
K D Y M S U P D L H T A F E W F E U Z
J C J A P C M Z R H R L B D G U A D M
F N E R H E U F R O V I U S Z G F T O
Y I U T T I V T D D S J C U L E C F O
X P Z B Y H U E I S V N N I D A Q B Y
B Z E N T I E K M A S G L O F B H V Y
R G V A I L E F Z E N M V K T G D S U
M E Y W V M Q F Y W Z W U V F V J J Z
J W I M A R S Y K H P Y K X K I E G A
C C C F P R C A Z Q G P Y U P R Y U H
Z Q H F U C S Q J C F D I F G V Z B M

U R Q Q M C P Q S D G I R R L X F B B
M E N P O L I Z E I H U N D L K T G V
D G L G R O Q K B Q J B H W J S K A E
W N F E P D C V Y A L I Z K S N N O W
T I Q W M S T M S Q A C Z B K A F D A
T W X Z K W Z M B B L T W F N R G I N
Y Z P A V Y W B J N A Z T D F O C W G
L T M E J H J Z T W K A O Z K F J O E
M A G B Y N X G X P X J I R C O S I L
T I A H H D A K S P A N I E L Z K N E
Y O S B O I X F O Z R E O H E G P T I
K M D E V N B E Z R G D F T Q J F E N
J B L A A P I Y F R G N F Q C X I G T
X L U G W O V G C O C K E R I J X Y Z
C T D L A D R Q O W V Y B N I I Q W T
B V M E R U W P O J T S Z Z H W H T K
H X X W T Z Y U Y D P K B U N L V M H
D S R Z W G O N F I I Z I F I F S T H
P A T Q P B H G M U T M M O T U P U V
S N R E Q X S N J R A O S Y V T X L Q
O R K T R L D H F R R E I S F T X C Q
G E K A K I K T D W F O K C D E A J Y
E G E L F P L L E F F E T P N R Y U N
R R E C H V F C E I Q H W N D P Y B Y

HOVAWART
FELLPFLEGE
STERIL
BEAGLE
COCKER SPANIEL
POLIZEIHUND
GEHOER
ZWINGER
ANGELEINT
FUTTER

Lösung

U	R	Q	Q	M	C	P	Q	S	D	G	I	R	R	L	X	F	B	B
M	E	N	P	O	L	I	Z	E	I	H	U	N	D	L	K	T	G	V
D	G	L	G	R	O	Q	K	B	Q	J	B	H	W	J	S	K	A	E
W	N	F	E	P	D	C	V	Y	A	L	I	Z	K	S	N	N	O	W
T	I	Q	W	M	S	T	M	S	Q	A	C	Z	B	K	A	F	D	A
T	W	X	Z	K	W	Z	M	B	B	L	T	W	F	N	R	G	I	N
Y	Z	P	A	V	Y	W	B	J	N	A	Z	T	D	F	O	C	W	G
L	T	M	E	J	H	J	Z	T	W	K	A	O	Z	K	F	J	O	E
M	A	G	B	Y	N	X	G	X	P	X	J	I	R	C	O	S	I	L
T	I	A	H	H	D	A	K	S	P	A	N	I	E	L	Z	K	N	E
Y	O	S	B	O	I	X	F	O	Z	R	E	O	H	E	G	P	T	I
K	M	D	E	V	N	B	E	Z	R	G	D	F	T	Q	J	F	E	N
J	B	L	A	A	P	I	Y	F	R	G	N	F	Q	C	X	I	G	T
X	L	U	G	W	O	V	G	C	O	C	K	E	R	I	J	X	Y	Z
C	T	D	L	A	D	R	Q	O	W	V	Y	B	N	I	I	Q	W	T
B	V	M	E	R	U	W	P	O	J	T	S	Z	Z	H	W	H	T	K
H	X	X	W	T	Z	Y	U	Y	D	P	K	B	U	N	L	V	M	H
D	S	R	Z	W	G	O	N	F	I	I	Z	I	F	I	F	S	T	H
P	A	T	Q	P	B	H	G	M	U	T	M	M	O	T	U	P	U	V
S	N	R	E	Q	X	S	N	J	R	A	O	S	Y	V	T	X	L	Q
O	R	K	T	R	L	D	H	F	R	R	E	I	S	F	T	X	C	Q
G	E	K	A	K	I	K	T	D	W	F	O	K	C	D	E	A	J	Y
E	G	E	L	F	P	L	L	E	F	F	E	T	P	N	R	Y	U	N
R	R	E	C	H	V	F	C	E	I	Q	H	W	N	D	P	Y	B	Y

K	K	P	N	F	F	B	J	A	R	X	H	B	P	T	E	U	C	R
X	D	Q	F	X	U	G	K	W	K	I	Y	L	R	B	H	D	X	G
V	F	O	M	V	A	C	K	X	U	G	H	M	N	I	C	G	M	F
A	I	Z	D	Q	L	X	Z	Q	J	X	U	U	C	M	S	G	D	Y
P	V	A	M	V	S	V	F	E	D	Y	N	T	M	P	A	T	U	D
M	O	F	V	D	U	C	D	A	F	N	D	U	U	O	T	D	V	R
N	J	G	T	Q	A	M	L	R	M	T	E	A	V	N	G	F	L	V
B	H	L	L	X	T	M	G	L	E	W	R	N	K	I	A	C	T	T
K	M	I	P	P	A	J	L	L	Y	S	A	Y	U	E	R	W	R	S
O	J	U	E	T	U	B	G	E	G	E	S	L	R	R	T	D	V	M
N	M	R	I	P	C	D	O	P	B	K	S	U	D	G	E	C	Q	P
L	C	N	Q	U	U	S	G	P	U	U	E	N	R	E	D	Y	Y	V
E	E	R	B	D	S	A	Q	A	X	A	U	G	Q	H	N	F	L	F
R	R	L	J	Z	K	C	T	V	L	H	Z	B	N	A	U	P	I	O
A	B	I	G	D	I	V	G	S	N	H	K	E	S	B	H	I	P	I
Y	T	R	X	J	F	M	I	E	M	N	L	R	A	E	V	M	I	Y
I	A	E	K	O	W	K	N	P	W	Z	S	D	B	Z	S	R	R	P
O	P	U	I	V	G	I	V	U	T	X	U	H	K	R	M	U	I	S
K	E	S	Z	X	W	I	L	X	J	B	C	K	B	C	X	V	E	U
E	W	T	K	A	B	B	N	D	C	S	P	W	C	Y	M	X	X	Z
S	Q	Y	L	Y	Q	P	O	G	R	K	W	O	V	O	Q	N	B	O
J	X	J	Q	X	Y	R	X	I	G	E	T	R	O	N	Y	O	D	G
S	P	F	M	M	X	I	P	W	T	N	E	X	Q	B	F	G	N	X
P	G	S	W	E	S	Q	A	T	B	E	L	Z	X	E	N	P	X	J

APPELL
DALMATINER
PIRSCH
HUNDERASSE
LAWINENHUND

IMPONIERGEHABE
AUSLAUF
STAUPE
DRESSUR
HUNDETRAGTASCHE

Lösung

K K P N F F B J A R X H B P T E U C R
X D Q F X U G K W K I Y L R B H D X G
V F O M V A C K X U G H M N I C G M F
A I Z D Q L X Z Q J X U U C M S G D Y
P V A M V S V F E D Y N T M P A T U D
M O F V D U C D A F N D U U O T D V R
N J G T Q A M L R M T E A V N G F L V
B H L L X T M G L E W R N K I A C T T
K M I P P A J L L Y S A Y U E R W R S
O J U E T U B G E G E S L R R T D V M
N M R I P C D O P B K S U D G E C Q P
L C N Q U U S G P U U E N R E D Y Y V
E E R B D S A Q A X A U G Q H N F L F
R R L J Z K C T V L H Z B N A U P I O
A B I G D I V G S N H K E S B H I P I
Y T R X J F M I E M N L R A E V M I Y
I A E K O W K N P W Z S D B Z S R R P
O P U I V G I V U T X U H K R M U I S
K E S Z X W I L X J B C K B C X V E U
E W T K A B B N D C S P W C Y M X X Z
S Q Y L Y Q P O G R K W O V O Q N B O
J X J Q X Y R X I G E T R O N Y O D G
S P F M M X I P W T N E X Q B F G N X
P G S W E S Q A T B E L Z X E N P X J

X	M	Z	U	S	T	C	I	A	G	R	F	Z	Y	K	A	A	K	E
W	T	J	R	R	V	T	E	E	E	T	D	R	M	G	X	G	U	B
U	Q	H	N	Y	I	T	V	I	V	Z	N	U	M	D	D	J	K	U
T	V	M	J	W	I	D	R	I	O	S	U	Z	S	N	T	D	E	L
B	Y	F	Z	K	X	R	Z	C	U	M	H	C	W	U	J	A	E	L
U	V	V	D	K	E	M	D	C	V	Y	H	Y	U	H	I	C	I	T
J	W	O	B	T	T	N	R	M	F	A	L	D	O	Z	I	K	A	E
A	A	W	D	T	E	Y	Q	U	E	S	X	R	G	T	M	E	R	R
Y	V	G	W	C	L	E	V	F	T	U	Y	N	S	U	R	L	H	R
E	A	D	N	D	J	P	E	H	E	D	B	B	P	H	R	L	H	I
J	T	Y	V	W	P	R	W	Y	U	U	G	R	O	C	J	G	M	E
Q	C	Z	D	D	H	O	T	V	W	N	F	C	L	S	M	V	A	R
O	X	T	W	U	L	K	X	S	J	H	D	R	W	L	P	B	W	B
D	F	T	N	Y	Q	R	T	C	G	Q	Y	E	P	I	V	F	S	T
S	R	D	D	C	N	Y	M	S	C	L	G	R	M	W	P	M	T	R
K	I	T	K	I	Q	W	Y	C	K	E	M	K	N	A	B	F	W	T
C	G	W	U	V	W	X	Y	A	A	J	I	M	J	Y	R	E	L	K
G	T	K	A	A	P	F	U	Q	U	B	R	O	H	M	M	K	U	I
C	L	K	N	I	E	R	N	E	B	U	T	S	D	D	I	D	E	F
Z	V	P	K	O	U	S	W	W	L	W	L	M	W	E	K	J	O	N
O	R	G	K	E	S	D	T	X	Z	W	A	C	H	H	U	N	D	H
Q	H	E	T	T	E	U	H	E	D	N	U	H	I	V	K	X	B	G
A	B	K	Z	D	O	L	U	A	S	U	F	R	S	Q	C	E	P	B
U	Q	Q	M	D	L	A	H	E	R	X	V	W	F	O	R	B	I	Q

WACHHUND
BULLTERRIER
HUND
SCHUTZHUND
STUBENREIN

DACKEL
JAGDTERRIER
HUNDEMARKE
SCHAEFERHUND
HUNDEHUETTE

Lösung

X M Z U S T C I A G R F Z Y K A A K E
W T J R R V T E E E T D R M G X G U B
U Q H N Y I T V I V Z N U M D D J K U
T V M J W I D R I O S U Z S N T D E L
B Y F Z K X R Z C U M H C W U J A E L
U V V D K E M D C V Y H Y U H I C I T
J W O B T T N R M F A L D O Z I K A E
A A W D T E Y Q U E S X R G T M E R R
Y V G W C L E V F T U Y N S U R L H R
E A D N D J P E H E D B B P H R L H I
J T Y V W P R W Y U U G R O C J G M E
Q C Z D D H O T V W N F C L S M V A R
O X T W U L K X S J H D R W L P B W B
D F T N Y Q R T C G Q Y E P I V F S T
S R D D C N Y M S C L G R M W P M T R
K I T K I Q W Y C K E M K N A B F W T
C G W U V W X Y A A J I M J Y R E L K
G T K A A P F U Q U B R O H M M K U I
C L K N I E R N E B U T S D D I D E F
Z V P K O U S W W L W L M W E K J O N
O R G K E S D T X Z W A C H H U N D H
Q H E T T E U H E D N U H I V K X B G
A B K Z D O L U A S U F R S Q C E P B
U Q Q M D L A H E R X V W F O R B I Q

L	R	V	X	S	Z	T	A	S	C	C	L	D	E	C	K	F	C	T
R	U	U	L	D	D	P	W	Q	M	N	K	X	P	F	G	M	V	Y
W	B	R	F	M	K	S	O	N	Z	Z	M	L	R	I	H	X	J	S
I	G	E	W	F	K	O	E	R	P	A	Z	I	I	W	O	L	G	D
K	C	O	G	R	K	Z	S	Z	H	I	X	R	E	Y	Q	K	F	F
S	Y	N	U	A	T	I	E	K	G	I	L	L	E	S	E	G	U	I
W	Y	P	B	R	T	E	S	S	E	O	R	G	E	D	N	U	H	Z
I	K	K	H	U	Y	T	H	E	L	F	N	H	F	X	V	I	F	P
S	K	L	M	J	V	N	U	O	Y	K	N	F	G	P	R	F	I	C
R	V	E	Y	Y	L	D	F	N	V	M	A	M	Q	V	E	B	D	L
E	X	I	E	S	P	Y	Q	O	G	Q	Z	A	A	N	S	R	T	Z
I	J	L	M	I	C	N	V	M	C	A	Y	V	G	G	W	U	O	M
R	E	U	P	O	R	L	K	F	T	E	A	L	E	O	Z	D	F	B
R	L	B	F	N	G	A	N	G	Y	R	I	G	R	J	R	O	H	H
E	R	R	M	I	U	I	U	Z	F	S	U	U	R	M	N	Z	Y	I
T	O	S	Z	L	K	D	P	C	C	Z	H	B	H	A	C	H	R	T
D	S	I	N	A	Z	H	I	H	L	T	B	Z	E	V	H	W	E	O
N	M	H	Q	M	A	O	E	U	X	W	G	M	A	G	Q	Q	A	I
A	M	F	B	U	L	L	D	O	G	G	E	P	F	G	H	Z	V	J
L	J	R	B	H	Q	C	S	T	Y	L	C	L	D	Y	Y	C	O	F
H	I	R	I	A	M	Z	R	J	T	N	O	P	A	R	V	L	A	S
G	W	P	L	X	M	G	N	I	E	R	E	V	T	H	C	U	Z	N
I	M	R	X	G	P	T	C	H	L	S	W	P	R	A	E	U	D	E
H	S	C	Z	Y	T	I	C	P	E	I	C	A	P	Z	N	Z	S	N

HIGHLANDTERRIER
ENGLISCHE BULLDOGGE
GANG
ZUCHTVEREIN
BEGATTUNG

HUNDEGROESSE
NACHGEBURT
MALINOIS
RAEUDE
GESELLIGKEIT

Lösung

L	R	V	X	S	Z	T	A	S	C	C	L	D	E	C	K	F	C	T
R	U	U	L	D	D	P	W	Q	M	N	K	X	P	F	G	M	V	Y
W	B	R	F	M	K	S	O	N	Z	Z	M	L	R	I	H	X	J	S
I	G	E	W	F	K	O	E	R	P	A	Z	I	I	W	O	L	G	D
K	C	O	G	R	K	Z	S	Z	H	I	X	R	E	Y	Q	K	F	F
S	Y	N	U	A	T	I	E	K	G	I	L	L	E	S	E	G	U	I
W	Y	P	B	R	T	E	S	S	E	O	R	G	E	D	N	U	H	Z
I	K	K	H	U	Y	T	H	E	L	F	N	H	F	X	V	I	F	P
S	K	L	M	J	V	N	U	O	Y	K	N	F	G	P	R	F	I	C
R	V	E	Y	Y	L	D	F	N	V	M	A	M	Q	V	E	B	D	L
E	X	I	E	S	P	Y	Q	O	G	Q	Z	A	A	N	S	R	T	Z
I	J	L	M	I	C	N	V	M	C	A	Y	V	G	G	W	U	O	M
R	E	U	P	O	R	L	K	F	T	E	A	L	E	O	Z	D	F	B
R	L	B	F	N	G	A	N	G	Y	R	I	G	R	J	R	O	H	H
E	R	R	M	I	U	I	U	Z	F	S	U	U	R	M	N	Z	Y	I
T	O	S	Z	L	K	D	P	C	C	Z	H	B	H	A	C	H	R	T
D	S	I	N	A	Z	H	I	H	L	T	B	Z	E	V	H	W	E	O
N	M	H	Q	M	A	O	E	U	X	W	G	M	A	G	Q	Q	A	I
A	M	F	B	U	L	L	D	O	G	G	E	P	F	G	H	Z	V	J
L	J	R	B	H	Q	C	S	T	Y	L	C	L	D	Y	Y	C	O	F
H	I	R	I	A	M	Z	R	J	T	N	O	P	A	R	V	L	A	S
G	W	P	L	X	M	G	N	I	E	R	E	V	T	H	C	U	Z	N
I	M	R	X	G	P	T	C	H	L	S	W	P	R	A	E	U	D	E
H	S	C	Z	Y	T	I	C	P	E	I	C	A	P	Z	N	Z	S	N

F J T M K W V Q J G R X X T Q I I V E
H O T E C A J L I F O C X X K Y M S U
Z T F Q N H O D I V M W S T L M K B I
N Y E M R U W E D N U H B W D U H G N
A O H Y R H R F R K H E Y I J Q O Y U
W M U M T I D N O K N S O W N E N U J
H B H R Y H L L K P U T K L E D I J U
C O E E Y S Z E N B F E M W V W M T Z
S X Q E K Z Q Y V U A Q U U W Y V F J
L E L L M R X E L G C K L P N G N C H
Z R P D C H A A N V P R E W J K R E F
L L Y J Q X S M H S M P C O G X B L T
E Z U X I F Z V T L G Z N P W C N Y C
V H O I K R E E O F H T M Y J E M B U
X Q X F Z Z A C A P U I R S L H B E N
C M I S N A S Q J Y Q D R L I E U H E
T P K A M P F H U N D Y A P X X A K L
Z E F F P Y D T X R D R W L O B T Q L
A W Z K N R U Q R D K I L F E U R D E
Z O T M V D I I Y F M W Z U I R S P B
X W H J X B W T E K Z J F H F M I E M
L U G V F U S X Z V U X K W T O W R D
V N H U N D E B I S S T I O A U Z T F
M C Z S B J V N E K C E Z H I M R U I

ZECKEN
DUFTMARKE
KAMPFHUND
BELLEN
SCHWANZ

KRALLEN
SHIH TZU
HUNDEWURM
BOXER
HUNDEBISS

Lösung

F J T M K W V Q J G R X X T Q I I V E
H O T E C A J L I F O C X X K Y M S U
Z T F Q N H O D I V M W S T L M K B I
N Y E M R U W E D N U H B W D U H G N
A O H Y R H R F R K H E Y I J Q O Y U
W M U M T I D N O K N S O W N E N U J
H B H R Y H L L K P U T K L E D I J U
C O E E Y S Z E N B F E M W V W M T Z
S X Q E K Z Q Y V U A Q U U W Y V F J
L E L L M R X E L G C K L P N G N C H
Z R P D C H A A N V P R E W J K R E F
L L Y J Q X S M H S M P C O G X B L T
E Z U X I F Z V T L G Z N P W C N Y C
V H O I K R E E O F H T M Y J E M B U
X Q X F Z Z A C A P U I R S L H B E N
C M I S N A S Q J Y Q D R L I E U H E
T P K A M P F H U N D Y A P X X A K L
Z E F F P Y D T X R D R W L O B T Q L
A W Z K N R U Q R D K I L F E U R D E
Z O T M V D I I Y F M W Z U I R S P B
X W H J X B W T E K Z J F H F M I E M
L U G V F U S X Z V U X K W T O W R D
V N H U N D E B I S S T I O A U Z T F
M C Z S B J V N E K C E Z H I M R U I

V	W	P	L	X	C	P	A	Y	J	S	E	Y	P	P	L	U	W	Y
G	F	X	A	K	V	R	N	Y	O	V	J	K	S	Z	F	T	Q	G
X	H	S	R	W	U	T	E	E	V	K	B	S	A	M	C	D	L	N
K	U	I	I	I	E	F	S	D	U	L	I	F	T	J	Y	C	A	F
H	D	E	K	R	O	P	S	D	Z	B	C	R	L	W	R	K	G	Y
V	Q	G	M	W	S	F	E	A	E	M	E	A	K	A	S	K	G	L
T	K	G	P	K	L	X	R	G	T	C	N	N	V	H	A	Z	H	X
G	I	O	L	K	U	W	F	Z	D	O	R	Z	G	M	V	I	X	M
U	P	D	M	B	Z	U	D	Z	N	T	Y	O	M	C	H	E	F	O
A	P	L	A	U	I	G	T	H	Q	T	Y	E	B	C	A	L	A	U
Q	O	L	N	P	A	P	T	P	D	Q	T	S	O	H	U	F	Q	R
P	H	U	D	H	J	B	Z	H	S	T	A	I	C	I	G	K	I	B
H	R	B	O	J	R	D	M	G	H	P	L	S	H	N	V	Y	J	M
E	H	G	D	F	N	H	J	M	K	Y	F	C	I	T	P	Y	X	V
R	Z	S	Z	C	W	T	W	J	A	P	K	H	H	E	Q	K	F	T
I	O	B	U	S	K	A	I	J	C	T	B	E	U	R	G	P	O	K
O	T	Z	U	C	H	T	W	A	R	T	S	U	A	H	D	Y	W	M
X	D	V	P	S	I	T	W	N	R	S	N	C	H	A	K	J	X	T
A	C	R	P	V	K	W	G	M	M	Z	I	I	U	N	P	L	J	M
Q	S	Y	J	B	G	R	A	X	N	X	O	J	A	D	D	W	X	H
V	Y	O	A	G	Y	D	D	D	W	N	N	A	M	R	E	B	O	D
G	J	H	N	G	Q	L	S	D	B	D	S	T	W	S	H	S	F	A
C	Q	X	W	G	N	O	O	E	D	H	M	R	U	W	L	U	P	S
O	N	Y	D	H	F	H	J	D	L	M	U	A	G	S	E	I	Q	W

11

GEBISS

SPULWURM

FRANZOESISCHE BULLDOGGE

CHIHUAHUA

HINTERHAND

FRESSEN

DOBERMANN

ZUCHTWART

KIPPOHR

STAMMBAUM

Lösung

V W P L X C P A Y J S E Y P P L U W Y
G F X A K V R N Y O V J K S Z F T Q G
X H S R W U T E E V K B S A M C D L N
K U I I I E F S D U L I F T J Y C A F
H D E K R O P S D Z B C R L W R K G Y
V Q G M W S F E A E M E A K A S K G L
T K G P K L X R G T C N N V H A Z H X
G I O L K U W F Z D O R Z G M V I X M
U P D M B Z U D Z N T Y O M C H E F O
A P L A U I G T H Q T Y E B C A L A U
Q O L N P A P T P D Q T S O H U F Q R
P H U D H J B Z H S T A I C I G K I B
H R B O J R D M G H P L S H N V Y J M
E H G D F N H J M K Y F C I T P Y X V
R Z S Z C W T W J A P K H H E Q K F T
I O B U S K A I J C T B E U R G P O K
O T Z U C H T W A R T S U A H D Y W M
X D V P S I T W N R S N C H A K J X T
A C R P V K W G M M Z I I U N P L J M
Q S Y J B G R A X N X O J A D D W X H
V Y O A G Y D D D W N N A M R E B O D
G J H N G Q L S D B D S T W S H S F A
C Q X W G N O O E D H M R U W L U P S
O N Y D H F H J D L M U A G S E I Q W

P	M	W	V	I	A	R	M	Y	M	C	Z	I	M	B	K	X	H	Q
O	C	B	E	D	Z	S	O	Y	C	J	Y	U	I	V	T	P	P	X
A	D	U	L	S	R	L	U	B	W	P	Y	X	Z	F	K	Q	O	B
S	S	K	X	E	R	H	A	Q	B	T	U	L	Z	K	Y	R	R	U
T	O	S	P	W	M	N	I	O	Z	C	S	E	Q	D	Y	I	A	K
K	F	Y	N	S	D	U	V	V	B	L	S	O	D	S	Z	D	C	G
E	N	T	D	W	V	B	U	P	A	S	R	N	V	Z	X	G	J	R
F	F	T	U	X	I	N	A	N	A	N	G	B	V	U	R	E	R	R
M	Y	R	Q	O	Z	F	Q	R	A	G	H	E	R	R	A	B	A	E
X	M	F	N	D	X	Y	Q	N	X	I	K	R	Z	K	T	A	Y	U
M	O	S	O	J	K	E	L	D	E	N	S	G	B	H	J	C	E	E
B	S	L	W	S	B	A	N	G	H	N	W	E	K	G	E	K	R	T
B	Z	K	W	V	L	H	R	K	U	S	H	R	D	A	T	R	A	S
I	I	K	N	E	X	E	U	J	S	W	Y	A	I	O	C	J	A	E
M	U	E	A	U	Z	J	F	L	X	Y	L	F	Z	L	H	I	H	D
P	O	T	B	G	C	Z	H	Q	O	H	K	J	O	E	S	R	L	N
F	S	X	S	R	K	A	E	M	S	F	X	R	V	N	B	W	E	U
U	H	P	W	T	A	L	F	P	A	N	S	S	E	R	F	O	H	H
N	D	H	T	G	Y	F	N	Y	H	B	U	E	N	O	M	S	C	R
G	X	E	S	Q	V	P	L	D	W	I	B	V	F	M	B	G	I	H
W	W	M	X	F	T	O	N	L	E	Z	T	T	X	F	Z	Y	T	S
L	D	F	I	W	C	N	B	D	E	B	J	J	K	T	I	T	S	Z
S	L	G	Q	M	T	I	Z	G	H	F	F	D	H	R	V	U	T	T
A	D	F	Y	Y	B	N	K	I	Q	R	A	H	Y	K	C	L	P	M

12

STICHELHAAR
LEONBERGER
FELLFARBE
RHODESIAN RIDGEBACK
BANDWURM

FRESSNAPF
RASSE
ZAHNEN
HUNDESTEUER
IMPFUNG

Lösung

P M W V I A R M Y M C Z I M B K X H Q
O C B E D Z S O Y C J Y U I V T P P X
A D U L S R L U B W P Y X Z F K Q O B
S S K X E R H A Q B T U L Z K Y R R U
T O S P W M N I O Z C S E Q D Y I A K
K F Y N S D U V V B L S O D S Z D C G
E N T D W V B U P A S R N V Z X G J R
F F T U X I N A N A N G B V U R E R R
M Y R Q O Z F Q R A G H E R R A B A E
X M F N D X Y Q N X I K R Z K T A Y U
M O S O J K E L D E N S G B H J C E E
B S L W S B A N G H N W E K G E K R T
B Z K W V L H R K U S H R D A T R A S
I I K N E X E U J S W Y A I O C J A E
M U E A U Z J F L X Y L F Z L H I H D
P O T B G C Z H Q O H K J O E S R L N
F S X S R K A E M S F X R V N B W E U
U H P W T A L F P A N S S E R F O H H
N D H T G Y F N Y H B U E N O M S C R
G X E S Q V P L D W I B V F M B G I H
W W M X F T O N L E Z T T X F Z Y T S
L D F I W C N B D E B J J K T I T S Z
S L G Q M T I Z G H F F D H R V U T T
A D F Y Y B N K I Q R A H Y K C L P M

R	L	L	F	N	L	R	F	U	K	N	B	E	Z	U	K	B	L	F
T	Q	C	N	D	O	E	V	K	K	H	W	W	T	P	I	W	K	D
U	S	C	V	P	Z	I	D	O	G	G	G	N	M	U	E	P	I	M
X	F	O	G	Y	A	F	T	U	R	K	H	E	I	L	L	O	C	X
T	H	J	Z	S	V	K	K	A	P	S	I	Q	R	R	T	R	T	U
R	G	O	H	Q	N	V	J	K	K	G	T	A	R	T	B	Q	K	Z
N	L	J	T	O	K	O	P	B	L	I	R	E	C	C	O	F	S	E
D	O	U	C	J	N	L	B	K	F	R	T	E	H	M	H	H	G	L
J	P	H	N	R	U	B	I	A	K	R	P	S	W	H	N	L	F	Z
A	E	D	Z	N	Y	U	Z	J	O	H	G	L	E	Z	U	I	O	W
N	E	H	C	Q	W	S	Y	S	R	O	V	G	F	M	O	N	S	E
Q	Q	B	A	J	S	O	M	M	E	R	H	A	A	R	O	S	D	T
T	Z	U	X	L	W	I	N	G	T	I	D	E	W	G	X	D	V	N
J	K	G	O	R	T	A	Q	E	S	Z	X	X	D	Z	J	O	W	A
J	I	M	G	F	A	U	Z	F	N	B	H	O	Z	O	T	N	Y	J
H	R	C	H	A	V	D	N	P	R	N	L	P	A	V	A	X	H	E
O	X	H	R	C	X	R	K	G	D	K	R	M	R	G	Z	G	L	B
X	R	J	E	G	J	P	Q	L	J	K	S	L	M	I	M	A	O	J
I	K	L	G	N	Q	D	R	A	H	T	H	A	A	R	V	L	M	D
Z	Q	X	G	B	I	B	Y	E	O	A	X	A	O	A	O	A	Q	J
D	G	G	O	J	U	R	R	P	Z	Z	F	J	X	N	E	O	Z	W
S	U	L	D	B	E	B	F	D	U	N	S	V	K	M	N	Z	A	K
M	J	K	V	C	J	Z	T	K	L	N	G	A	G	Z	S	J	P	U
N	E	Y	E	W	P	B	P	U	U	D	J	P	N	Y	J	K	J	B

13

VORSTEHHUND
COLLIE
SOMMERHAAR
KNOCHEN
BOLONKA ZWETNA
ZWERGPUDEL
DOGGE
HALTUNG
DOMESTIKATION
DRAHTHAAR

Lösung

R	L	L	F	N	L	R	F	U	K	N	B	E	Z	U	K	B	L	F
T	Q	C	N	D	O	E	V	K	K	H	W	W	T	P	I	W	K	D
U	S	C	V	P	Z	I	D	O	G	G	G	N	M	U	E	P	I	M
X	F	O	G	Y	A	F	T	U	R	K	H	E	I	L	L	O	C	X
T	H	J	Z	S	V	K	K	A	P	S	I	Q	R	R	T	R	T	U
R	G	O	H	Q	N	V	J	K	K	G	T	A	R	T	B	Q	K	Z
N	L	J	T	O	K	O	P	B	L	I	R	E	C	C	O	F	S	E
D	O	U	C	J	N	L	B	K	F	R	T	E	H	M	H	H	G	L
J	P	H	N	R	U	B	I	A	K	R	P	S	W	H	N	L	F	Z
A	E	D	Z	N	Y	U	Z	J	O	H	G	L	E	Z	U	I	O	W
N	E	H	C	Q	W	S	Y	S	R	O	V	G	F	M	O	N	S	E
Q	Q	B	A	J	S	O	M	M	E	R	H	A	A	R	O	S	D	T
T	Z	U	X	L	W	I	N	G	T	I	D	E	W	G	X	D	V	N
J	K	G	O	R	T	A	Q	E	S	Z	X	X	D	Z	J	O	W	A
J	I	M	G	F	A	U	Z	F	N	B	H	O	Z	O	T	N	Y	J
H	R	C	H	A	V	D	N	P	R	N	L	P	A	V	A	X	H	E
O	X	H	R	C	X	R	K	G	D	K	R	M	R	G	Z	G	L	B
X	R	J	E	G	J	P	Q	L	J	K	S	L	M	I	M	A	O	J
I	K	L	G	N	Q	D	R	A	H	T	H	A	A	R	V	L	M	D
Z	Q	X	G	B	I	B	Y	E	O	A	X	A	O	A	O	A	Q	J
D	G	G	O	J	U	R	R	P	Z	Z	F	J	X	N	E	O	Z	W
S	U	L	D	B	E	B	F	D	U	N	S	V	K	M	N	Z	A	K
M	J	K	V	C	J	Z	T	K	L	N	G	A	G	Z	S	J	P	U
N	E	Y	E	W	P	B	P	U	U	D	J	P	N	Y	J	K	J	B

V	X	P	I	K	S	M	B	K	X	C	C	V	B	N	P	J	J	C
N	R	M	L	N	A	L	G	V	Y	Z	F	Y	L	R	A	V	H	P
R	M	D	Z	D	B	Q	S	Z	V	T	Q	G	X	U	U	A	K	R
L	C	N	I	C	Z	E	U	D	N	Z	C	G	F	D	E	B	K	X
F	W	A	B	U	L	L	D	O	G	G	E	I	T	E	G	C	M	E
T	O	H	R	A	U	N	T	I	N	D	Y	W	Y	P	M	I	X	R
U	E	R	T	A	D	Q	D	P	R	C	J	I	Y	S	L	K	O	O
A	L	E	U	U	H	N	R	V	E	G	E	E	H	P	R	Q	G	F
L	E	D	D	S	Y	E	K	N	J	E	G	G	H	E	I	E	Q	C
D	I	R	A	B	C	U	X	Q	W	A	B	M	M	Y	R	W	D	M
C	N	O	J	I	S	F	Z	I	D	F	O	E	I	H	W	X	H	B
O	E	V	E	L	C	U	Y	Y	O	N	N	S	Z	O	A	J	T	Q
X	C	L	M	D	K	N	T	J	Z	T	Q	C	D	E	L	Y	A	Z
H	E	L	J	U	F	D	O	I	E	U	E	N	G	L	I	S	H	J
E	R	A	X	N	G	L	E	T	V	C	D	B	K	L	N	W	S	Q
V	B	F	U	G	R	A	X	Y	C	S	K	L	Q	C	J	J	R	V
D	L	H	Y	Q	A	E	D	C	F	E	B	O	F	J	D	K	L	K
L	Y	C	U	Q	H	N	C	W	V	J	B	E	H	C	W	D	X	H
I	G	R	S	V	E	D	E	T	Y	Z	F	P	S	K	P	R	R	E
G	E	U	T	N	Q	E	S	F	Q	F	X	G	Y	G	K	A	X	U
U	C	D	I	B	E	R	X	C	M	I	S	C	J	S	R	T	G	Z
A	I	F	O	A	Z	N	O	M	P	L	Q	A	M	L	F	S	N	G
H	B	N	M	Q	T	B	D	Y	Q	O	C	M	R	S	U	A	A	X
Y	X	F	J	Y	B	I	R	L	G	Q	R	O	L	D	E	B	F	I

14

NEUFUNDLAENDER
AUSBILDUNG
FANG
DURCHFALL
LAUT
VORDERHAND
LEINE
OLDE ENGLISH BULLDOGGE
EXKREMENTE
BASTARD

Lösung

V	X	P	I	K	S	M	B	K	X	C	C	V	B	N	P	J	J	C
N	R	M	L	N	A	L	G	V	Y	Z	F	Y	L	R	A	V	H	P
R	M	D	Z	D	B	Q	S	Z	V	T	Q	G	X	U	U	A	K	R
L	C	N	I	C	Z	E	U	D	N	Z	C	G	F	D	E	B	K	X
F	W	A	B	U	L	L	D	O	G	G	E	I	T	E	G	C	M	E
T	O	H	R	A	U	N	T	I	N	D	Y	W	Y	P	M	I	X	R
U	E	R	T	A	D	Q	D	P	R	C	J	I	Y	S	L	K	O	O
A	L	E	U	U	H	N	R	V	E	G	E	E	H	P	R	Q	G	F
L	E	D	D	S	Y	E	K	N	J	E	G	G	H	E	I	E	Q	C
D	I	R	A	B	C	U	X	Q	W	A	B	M	M	Y	R	W	D	M
C	N	O	J	I	S	F	Z	I	D	F	O	E	I	H	W	X	H	B
O	E	V	E	L	C	U	Y	Y	O	N	N	S	Z	O	A	J	T	Q
X	C	L	M	D	K	N	T	J	Z	T	Q	C	D	E	L	Y	A	Z
H	E	L	J	U	F	D	O	I	E	U	E	N	G	L	I	S	H	J
E	R	A	X	N	G	L	E	T	V	C	D	B	K	L	N	W	S	Q
V	B	F	U	G	R	A	X	Y	C	S	K	L	Q	C	J	J	R	V
D	L	H	Y	Q	A	E	D	C	F	E	B	O	F	J	D	K	L	K
L	Y	C	U	Q	H	N	C	W	V	J	B	E	H	C	W	D	X	H
I	G	R	S	V	E	D	E	T	Y	Z	F	P	S	K	P	R	R	E
G	E	U	T	N	Q	E	S	F	Q	F	X	G	Y	G	K	A	X	U
U	C	D	I	B	E	R	X	C	M	I	S	C	J	S	R	T	G	Z
A	I	F	O	A	Z	N	O	M	P	L	Q	A	M	L	F	S	N	G
H	B	N	M	Q	T	B	D	Y	Q	O	C	M	R	S	U	A	A	X
Y	X	F	J	Y	B	I	R	L	G	Q	R	O	L	D	E	B	F	I

H	R	U	X	U	W	O	X	O	T	J	W	R	T	T	V	E	X	I
F	N	C	D	B	E	G	Z	M	S	I	Z	G	W	H	T	G	K	W
R	E	Z	U	A	N	H	C	S	N	E	S	E	I	R	G	Z	Y	Q
E	I	L	D	I	A	L	S	O	W	N	D	X	W	C	E	Q	F	W
J	J	B	T	B	D	Z	Z	J	I	G	E	R	W	E	M	S	Y	E
P	R	Y	Z	B	Z	W	E	R	G	H	U	N	D	W	D	T	W	M
T	N	K	V	A	B	E	X	Y	U	S	F	H	N	S	L	E	B	P
K	E	T	E	G	J	F	C	Z	W	H	S	T	E	B	L	Y	U	P
T	H	B	E	A	U	N	D	B	T	P	N	S	U	T	P	T	A	R
J	C	I	L	E	I	L	F	G	H	E	C	H	E	L	N	R	D	X
Q	A	P	A	J	W	I	S	C	L	E	G	I	F	C	A	J	G	E
A	W	J	Q	K	C	Q	X	S	H	A	A	B	L	S	W	H	N	O
M	E	Z	E	L	X	K	A	D	D	D	D	C	I	Q	I	O	T	G
U	B	P	L	Z	W	M	R	W	N	M	G	T	Z	X	L	E	N	O
C	D	S	M	A	I	O	K	U	R	O	E	H	R	A	L	N	P	Z
T	N	Y	D	B	L	W	H	V	W	N	E	X	S	A	B	A	D	C
N	U	U	P	D	X	E	D	L	D	B	K	E	U	U	F	Z	A	F
A	H	C	Z	L	S	U	W	H	I	A	D	R	R	L	J	A	E	O
H	S	K	A	S	Y	Z	X	V	E	N	V	H	T	B	N	X	X	E
L	S	L	A	I	B	D	Y	A	U	K	P	M	L	O	C	G	Y	B
O	O	R	P	I	N	D	E	H	S	M	E	I	B	L	W	A	N	S
P	H	W	K	I	H	K	I	F	V	E	C	S	E	W	S	F	A	C
L	C	K	F	P	C	E	R	V	O	C	H	G	T	K	S	C	R	R
G	S	L	A	N	G	H	A	A	R	M	Y	T	Q	U	X	G	T	F

15

LANGHAAR
BEWACHEN
ZWERGHUND
RASSEHUND
HUNDESALON

RIESENSCHNAUZER
RUEDE
PARASITEN
SCHOSSHUND
HECHELN

Lösung

H	R	U	X	U	W	O	X	O	T	J	W	R	T	T	V	E	X	I
F	N	C	D	B	E	G	Z	M	S	I	Z	G	W	H	T	G	K	W
R	E	Z	U	A	N	H	C	S	N	E	S	E	I	R	G	Z	Y	Q
E	I	L	D	I	A	L	S	O	W	N	D	X	W	C	E	Q	F	W
J	J	B	T	B	D	Z	Z	J	I	G	E	R	W	E	M	S	Y	E
P	R	Y	Z	B	Z	W	E	R	G	H	U	N	D	W	D	T	W	M
T	N	K	V	A	B	E	X	Y	U	S	F	H	N	S	L	E	B	P
K	E	T	E	G	J	F	C	Z	W	H	S	T	E	B	L	Y	U	P
T	H	B	E	A	U	N	D	B	T	P	N	S	U	T	P	T	A	R
J	C	I	L	E	I	L	F	G	H	E	C	H	E	L	N	R	D	X
Q	A	P	A	J	W	I	S	C	L	E	G	I	F	C	A	J	G	E
A	W	J	Q	K	C	Q	X	S	H	A	A	B	L	S	W	H	N	O
M	E	Z	E	L	X	K	A	D	D	D	D	C	I	Q	I	O	T	G
U	B	P	L	Z	W	M	R	W	N	M	G	T	Z	X	L	E	N	O
C	D	S	M	A	I	O	K	U	R	O	E	H	R	A	L	N	P	Z
T	N	Y	D	B	L	W	H	V	W	N	E	X	S	A	B	A	D	C
N	U	U	P	D	X	E	D	L	D	B	K	E	U	U	F	Z	A	F
A	H	C	Z	L	S	U	W	H	I	A	D	R	R	L	J	A	E	O
H	S	K	A	S	Y	Z	X	V	E	N	V	H	T	B	N	X	X	E
L	S	L	A	I	B	D	Y	A	U	K	P	M	L	O	C	G	Y	B
O	O	R	P	I	N	D	E	H	S	M	E	I	B	L	W	A	N	S
P	H	W	K	I	H	K	I	F	V	E	C	S	E	W	S	F	A	C
L	C	K	F	P	C	E	R	V	O	C	H	G	T	K	S	C	R	R
G	S	L	A	N	G	H	A	A	R	M	Y	T	Q	U	X	G	T	F

S	M	Q	J	E	E	P	C	Y	G	Z	N	N	J	U	R	C	X	N
I	F	M	C	I	H	D	H	G	H	E	G	B	F	P	E	B	B	K
W	Z	S	O	P	M	J	N	W	L	W	T	Y	C	I	H	N	B	Z
P	W	S	J	K	N	E	H	C	K	C	E	O	T	S	D	J	V	Q
I	G	V	N	G	D	D	E	H	J	S	W	B	Q	S	M	R	W	Q
U	M	T	A	H	E	G	N	B	P	Z	Y	A	R	L	X	C	G	S
X	O	X	W	D	U	S	E	Q	G	M	M	E	U	T	E	A	Q	N
N	N	D	Y	Y	E	J	H	T	R	O	N	Q	A	H	X	R	A	X
W	P	E	O	O	R	R	B	G	M	G	D	H	K	E	L	X	F	V
A	S	C	I	O	C	E	I	W	A	W	V	P	O	B	V	S	L	Y
E	A	K	G	K	Z	L	G	H	Z	V	D	R	E	L	M	W	F	U
Z	E	A	Z	T	P	Y	A	E	S	I	B	R	N	E	E	W	M	E
C	U	K	N	Q	L	R	L	E	A	K	L	J	E	E	H	N	K	B
S	G	T	X	V	E	H	S	W	U	R	R	V	P	N	G	S	H	E
R	E	N	S	B	A	T	X	L	N	F	T	O	Y	O	P	C	L	R
V	N	W	G	H	J	P	W	Z	T	Q	I	F	Y	L	H	W	D	B
K	Q	W	L	Y	E	A	K	K	F	X	L	G	E	F	G	E	R	I
Z	I	G	F	X	O	T	R	O	I	Y	C	Z	K	I	D	I	U	S
B	I	M	U	F	L	C	L	L	U	B	J	T	Z	E	R	Q	O	S
K	X	Z	P	U	A	Y	N	A	R	S	J	F	S	M	I	B	P	S
O	G	I	F	L	V	Y	B	N	N	U	D	J	J	N	S	T	C	W
D	U	C	E	C	I	T	L	T	A	D	B	A	P	K	U	P	Y	K
R	Q	Q	W	E	V	I	P	Y	P	P	N	E	K	C	Q	R	R	H
Z	O	E	S	V	R	E	I	R	R	E	T	G	S	L	U	R	B	X

16

BRIEFTRAEGER
DECKAKT
SAEUGEN
STOECKCHEN HOLEN
YORKSHIRE TERRIER
UEBERBISS
MEUTE
BRUNST
SHETLAND SHEEPDOG
LAEUFIGKEIT

Lösung

S M Q J E E P C Y G Z N N J U R C X N
I F M C I H D H G H E G B F P E B B K
W Z S O P M J N W L W T Y C I H N B Z
P W S J K N E H C K C E O T S D J V Q
I G V N G D D E H J S W B Q S M R W Q
U M T A H E G N B P Z Y A R L X C G S
X O X W D U S E Q G M M E U T E A Q N
N N D Y Y E J H T R O N Q A H X R A X
W P E O O R R B G M G D H K E L X F V
A S C I O C E I W A W V P O B V S L Y
E A K G K Z L G H Z V D R E L M W F U
Z E A Z T P Y A E S I B R N E E W M E
C U K N Q L R L E A K L J E E H N K B
S G T X V E H S W U R R V P N G S H E
R E N S B A T X L N F T O Y O P C L R
V N W G H J P W Z T Q I F Y L H W D B
K Q W L Y E A K K F X L G E F G E R I
Z I G F X O T R O I Y C Z K I D I U S
B I M U F L C L L U B J T Z E R Q O S
K X Z P U A Y N A R S J F S M I B P S
O G I F L V Y B N N U D J J N S T C W
D U C E C I T L T A D B A P K U P Y K
R Q Q W E V I P Y P P N E K C Q R R H
Z O E S V R E I R R E T G S L U R B X

E	S	O	R	N	B	O	W	R	G	D	I	Q	B	X	Y	Q	A	T
H	Z	K	S	L	R	C	W	L	Y	E	N	U	U	V	K	O	K	X
G	C	R	J	F	R	V	Z	Y	E	W	N	N	W	V	W	H	Q	A
X	P	D	H	N	S	A	C	O	H	I	P	V	B	J	K	T	B	S
Q	Y	J	F	E	Q	I	X	B	E	O	L	L	K	R	S	L	S	J
X	O	J	G	H	Q	W	Y	Z	O	A	G	C	A	D	J	W	H	K
R	G	C	A	E	N	N	F	X	L	H	W	U	H	T	P	N	D	L
E	A	T	G	G	S	L	H	B	F	R	S	L	K	R	C	E	L	Y
N	N	U	D	C	D	S	E	C	U	H	J	K	O	Z	N	X	K	U
T	P	C	H	X	C	T	R	A	A	K	Y	M	J	W	H	W	C	D
W	G	G	M	H	H	F	R	A	H	X	F	E	U	A	N	W	T	K
A	L	E	M	Z	A	F	R	I	P	I	S	L	T	P	X	T	K	O
Z	X	V	T	U	J	A	Q	F	E	J	E	Z	B	Q	I	W	B	E
G	A	S	S	I	N	U	R	S	M	B	F	N	Q	E	M	J	R	R
U	M	W	F	H	G	D	Y	M	B	Y	Q	Y	R	D	C	S	W	P
L	M	R	B	O	Z	E	F	P	Y	U	P	A	N	Z	J	S	M	E
B	K	B	V	J	R	H	R	A	C	X	R	J	X	L	L	A	T	R
D	K	D	D	O	J	N	R	T	E	Z	K	J	J	S	D	O	J	B
J	F	X	K	P	B	A	B	A	T	U	O	K	S	W	L	G	N	A
T	E	C	S	Z	J	C	H	V	P	O	L	R	Y	A	I	L	O	U
L	Q	B	N	O	W	O	D	U	U	B	D	E	U	V	Z	O	T	H
B	N	X	V	B	G	X	N	N	D	A	D	P	I	D	P	N	F	Q
O	O	Y	D	S	R	Z	F	J	E	U	Y	R	L	Q	H	Q	G	V
T	V	Q	S	I	A	W	Z	T	L	N	R	S	X	B	H	F	H	C

17

MUNDFAEULE
GETIGERT
TIERARZT
JAGDTRIEB
GASSI GEHEN

KRAUSHAAR
KOERPERBAU
FLOEHE
PUDEL
RAUHHAAR

Lösung

E S O R N B O W R G D I Q B X Y Q A T
H Z K S L R C W L Y E N U U V K O K X
G C R J F R V Z Y E W N N W V W H Q A
X P D H N S A C O H I P V B J K T B S
Q Y J F E Q I X B E O L L K R S L S J
X O J G H Q W Y Z O A G C A D J W H K
R G C A E N N F X L H W U H T P N D L
E A T G G S L H B F R S L K R C E L Y
N N U D C D S E C U H J K O Z N X K U
T P C H X C T R A A K Y M J W H W C D
W G G M H H F R A H X F E U A N W T K
A L E M Z A F R I P I S L T P X T K O
Z X V T U J A Q F E J E Z B Q I W B E
G A S S I N U R S M B F N Q E M J R R
U M W F H G D Y M B Y Q Y R D C S W P
L M R B O Z E F P Y U P A N Z J S M E
B K B V J R H R A C X R J X L L A T R
D K D D O J N R T E Z K J J S D O J B
J F X K P B A B A T U O K S W L G N A
T E C S Z J C H V P O L R Y A I L O U
L Q B N O W O D U U B D E U V Z O T H
B N X V B G X N N D A D P I D P N F Q
O O Y D S R Z F J E U Y R L Q H Q G V
T V Q S I A W Z T L N R S X B H F H C

L	P	E	S	I	I	L	L	R	O	W	P	I	I	L	X	D	E	A
P	K	S	J	F	Q	O	U	Q	F	Y	R	F	Q	U	X	P	C	U
K	U	A	A	I	A	S	E	C	H	R	U	T	A	G	V	B	F	J
G	C	Q	B	Q	M	M	G	E	G	I	Z	C	C	J	J	N	K	V
K	I	R	L	P	Y	J	D	N	M	X	Y	C	S	S	Q	I	I	P
J	M	E	U	L	C	C	U	X	T	B	A	F	O	I	J	E	M	C
A	W	T	J	U	W	B	W	D	T	I	Y	C	L	I	Y	R	W	I
T	G	R	P	T	R	R	Y	P	J	T	B	A	B	J	X	E	E	X
G	C	Z	F	E	L	I	N	I	E	N	Z	U	C	H	T	V	L	H
G	H	J	A	A	Z	V	N	T	U	V	P	B	F	Y	B	Z	P	R
K	A	F	T	F	C	K	K	M	E	Y	X	D	O	N	R	T	E	X
L	R	M	L	T	F	J	D	E	A	M	S	K	U	K	K	U	N	J
O	A	D	V	C	W	F	Z	F	Q	R	U	U	I	O	Q	H	R	E
V	K	N	I	I	K	P	A	F	E	R	K	Y	N	B	D	C	Y	F
F	T	V	K	E	C	B	L	R	Z	Y	V	E	T	K	V	S	J	Q
P	E	G	T	U	Z	U	U	H	M	B	H	A	N	D	C	R	W	W
T	R	B	F	D	R	S	A	L	Y	M	X	A	S	J	W	E	N	G
M	A	R	S	N	S	A	E	G	F	D	F	N	C	P	H	I	A	B
D	H	B	W	E	R	G	I	Q	B	E	H	D	L	S	Z	T	V	Q
H	G	G	L	S	C	B	L	R	E	U	C	F	L	G	H	L	R	L
V	F	L	P	Q	S	V	Q	N	P	Q	Y	T	Y	M	W	T	U	F
E	S	O	V	D	M	A	L	T	E	S	E	R	C	U	B	G	B	R
I	M	Q	R	U	E	S	Y	P	D	S	R	C	F	T	U	V	A	I
N	F	V	R	B	X	Y	U	F	L	W	C	C	K	I	S	J	E	M

URINMARKEN
MOPS
KURZHAAR
TIERSCHUTZVEREIN
MALTESER
WELPE
CHARAKTER
FAERBUNG
LINIENZUCHT
JACK RUSSELL

Lösung

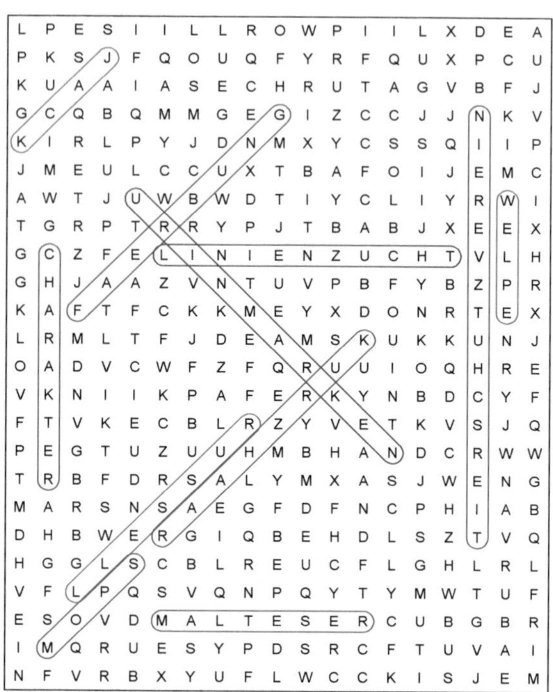

DAS

KATZEN

WORTSUCHRÄTSEL BUCH

Q	B	P	P	Q	X	G	N	Z	M	F	M	I	A	U	E	N	S	M
Z	N	Z	P	H	E	R	B	S	T	K	A	T	Z	E	M	X	C	Y
W	Z	N	P	R	H	H	K	Y	Q	F	Y	N	L	P	B	R	D	V
Y	G	N	I	N	I	A	R	T	R	E	K	C	I	L	C	T	M	R
Q	H	T	C	S	T	T	D	V	X	V	V	X	G	U	N	H	G	C
P	X	M	B	K	T	L	W	U	S	M	V	K	N	Y	A	O	S	X
F	O	I	C	V	T	S	K	Y	M	R	A	F	G	R	U	G	S	G
W	X	M	K	L	S	X	A	N	E	R	R	U	N	H	C	S	T	N
J	C	I	N	W	K	A	G	T	S	U	Y	Y	B	C	Q	H	B	K
J	K	K	U	P	T	G	R	P	O	J	N	Y	C	A	C	V	T	P
K	L	V	V	O	C	F	C	W	V	D	J	I	M	I	H	W	E	G
E	G	V	F	R	E	S	S	P	L	A	T	Z	L	B	W	N	M	C
G	I	L	I	I	F	I	S	Y	H	Y	D	F	M	E	U	O	U	O
N	F	E	W	I	M	W	L	Y	Y	T	P	P	Y	U	A	J	X	V
U	T	Z	P	S	M	D	M	X	A	E	S	F	L	T	B	Q	P	G
Y	S	T	H	R	Y	W	L	L	D	P	D	X	O	E	N	R	N	W
U	P	A	U	E	R	Y	G	L	P	V	Q	P	J	T	Q	V	M	A
S	G	K	Z	L	B	U	E	U	C	T	L	V	O	I	R	N	L	M
A	W	L	X	R	I	M	X	Z	V	N	P	Z	Z	E	D	L	G	N
O	V	E	O	S	Q	D	O	J	O	T	P	K	B	R	Z	T	Z	X
W	Z	D	B	P	W	Z	C	Y	H	M	G	P	E	V	N	K	L	M
G	P	E	E	T	T	W	W	M	C	J	J	K	V	O	K	N	E	Z
H	X	S	P	E	I	C	H	E	L	N	Y	G	Y	I	A	B	A	I
T	D	V	F	F	E	G	Y	V	Y	R	O	E	O	N	T	W	R	L

1

SCHNURREN
HERBSTKATZE
MIAUEN
MELDEPFLICHT
FRESSPLATZ

EDELKATZE
SPEICHELN
TASTSINN
CLICKERTRAINING
BEUTETIER

Lösung

Q B P P Q X G N Z M F M I A U E N S M

Z N Z P H E R B S T K A T Z E M X C Y

W Z N P R H H K Y Q F Y N L P B R D V

Y G N I N I A R T R E K C I L C T M R

Q H T C S T T D V X V V X G U N H G C

P X M B K T L W U S M V K N Y A O S X

F O I C V T S K Y M R A F G R U G S G

W X M K L S X A N E R R U N H C S T N

J C I N W K A G T S U Y Y B C Q H B K

J K K U P T G R P O J N Y C A C V T P

K L V V O C F C W V D J I M I H W E G

E G V F R E S S P L A T Z L B W N M C

G I L I I F I S Y H Y D F M E U O U O

N F E W I M W L Y Y T P P Y U A J X V

U T Z P S M D M X A E S F L T B Q P G

Y S T H R Y W L L D P D X O E N R N W

U P A U E R Y G L P V Q P J T Q V M A

S G K Z L B U E U C T L V O I R N L M

A W L X R I M X Z V N P Z Z E D L G N

O V E O S Q D O J O T P K B R Z T Z X

W Z D B P W Z C Y H M G P E V N K L M

G P E E T T W W M C J J K V O K N E Z

H X S P E I C H E L N Y G Y I A B A I

T D V F F E G Y V Y R O E O N T W R L

R	E	G	N	I	W	Z	N	E	Z	T	A	K	E	D	Y	X	I	F
R	M	P	S	F	Q	I	E	N	R	K	V	I	D	R	H	P	G	Q
K	J	M	L	H	S	F	E	F	A	P	D	S	Z	R	T	F	N	S
N	K	M	U	N	D	A	I	J	U	A	S	W	Y	Y	I	U	E	L
Q	T	S	K	C	F	K	P	F	W	O	V	F	Y	U	E	J	B	A
A	U	G	I	Y	M	F	W	S	M	B	W	O	D	H	K	A	L	C
P	Q	U	S	U	T	K	I	C	Q	V	X	I	L	B	G	R	I	K
Z	N	R	T	A	C	S	P	G	F	Y	U	W	U	O	I	S	M	K
W	G	I	E	L	M	B	T	D	H	S	I	S	U	L	L	J	R	G
G	G	F	R	N	N	S	R	Q	I	P	B	T	V	I	L	A	H	W
H	P	T	I	W	Y	B	A	I	I	H	I	H	E	W	O	B	O	T
Z	I	H	L	Z	S	S	G	S	K	E	S	O	A	C	R	E	K	Y
J	R	S	I	U	A	D	S	R	Q	R	E	D	I	A	R	A	Y	E
M	O	B	S	X	D	B	T	D	P	O	J	L	Y	K	E	Q	G	T
D	A	R	A	N	N	V	A	N	Z	M	R	Z	A	E	U	C	P	I
W	J	D	T	B	O	D	R	W	F	O	A	O	U	F	A	D	W	Y
C	R	P	I	J	S	V	R	P	N	N	T	D	I	F	D	V	H	A
D	O	D	O	B	I	U	E	N	J	E	Q	I	G	E	E	P	S	Z
D	V	H	N	P	T	I	Y	G	F	L	U	F	A	K	Q	F	M	L
R	T	B	P	B	R	O	K	O	J	H	H	O	N	T	V	Y	J	C
R	W	M	D	C	O	E	Z	R	F	Q	E	K	N	W	S	H	B	S
J	Y	G	A	F	C	R	U	O	J	I	K	S	N	Z	Z	V	B	O
T	M	Y	H	E	U	A	N	A	T	O	M	I	E	R	C	D	Z	F
S	R	A	B	O	U	K	K	N	I	O	I	G	U	Q	J	F	W	I

STERILISATION
ANATOMIE
PHEROMONE
FSA
KATZENZWINGER

TRAGSTARRE
CORTISON
OHRMILBEN
DAUERROLLIGKEIT
AGOUTI EFFEKT

Lösung

R E G N I W Z N E Z T A K E D Y X I F
R M P S F Q I E N R K V I D R H P G Q
K J M L H S F E F A P D S Z R T F N S
N K M U N D A I J U A S W Y Y I U E L
Q T S K C F K P F W O V F Y U E J B A
A U G I Y M F W S M B W O D H K A L C
P Q U S U T K I C Q V X I L B G R I K
Z N R T A C S P G F Y U W U O I S M K
W G I E L M B T D H S I S U L L J R G
G G F R N N S R Q I P B T V I L A H W
H P T I W Y B A I I H I H E W O B O T
Z I H L Z S S G S K E S O A C R E K Y
J R S I U A D S R Q R E D I A R A Y E
M O B S X D B T D P O J L Y K E Q G T
D A R A N N V A N Z M R Z A E U C P I
W J D T B O D R W F O A O U F A D W Y
C R P I J S V R P N N T D I F D V H A
D O D O B I U E N J E Q I G E E P S Z
D V H N P T I Y G F L U F A K Q F M L
R T B P B R O K O J H H O N T V Y J C
R W M D C O E Z R F Q E K N W S H B S
J Y G A F C R U O J I K S N Z Z V B O
T M Y H E U A N A T O M I E R C D Z F
S R A B O U K K N I O I G U Q J F W I

C	X	T	F	V	W	I	H	O	Y	J	K	L	B	H	B	V	R	S
W	H	I	S	Q	O	F	S	S	B	I	Y	U	D	Y	E	E	D	D
A	P	E	U	Q	W	D	U	D	N	B	A	E	P	Q	X	D	E	K
Z	P	K	I	V	Q	X	F	N	V	P	U	F	J	O	Q	L	D	P
F	Z	G	K	A	Y	R	H	E	C	T	S	J	S	M	T	S	M	T
G	T	I	O	Z	U	G	Q	C	S	L	B	X	F	M	X	U	I	I
J	C	T	M	E	P	V	N	C	S	L	G	H	X	J	C	Y	P	Y
U	V	H	S	J	B	V	H	U	P	T	R	I	E	Z	T	I	I	E
P	E	C	L	E	U	E	K	D	N	N	A	X	Q	V	W	D	G	U
E	R	E	J	S	R	H	G	A	K	H	L	Z	Y	M	J	S	F	H
R	M	A	J	Y	Z	Y	C	O	T	Q	E	P	K	O	I	C	Z	H
K	E	R	H	V	B	K	L	L	N	Z	S	O	X	S	V	S	O	B
E	N	T	A	S	H	C	R	N	F	P	E	P	W	J	P	J	P	K
N	S	I	C	Y	S	B	C	A	S	Z	O	N	U	T	F	F	K	U
N	C	L	D	Q	V	R	S	Y	P	H	N	G	W	C	N	N	J	E
U	H	M	B	A	W	O	O	I	E	Z	T	C	Z	I	K	E	R	Z
N	L	T	A	N	J	G	U	N	D	P	G	L	I	V	F	E	Q	T
G	I	T	D	E	H	Y	D	R	A	T	I	O	N	I	L	G	N	A
S	C	R	G	T	M	Y	J	I	S	X	B	I	W	T	S	Y	K	K
K	H	A	B	B	E	X	Z	O	W	C	G	C	O	I	E	H	N	E
U	U	B	L	S	N	P	T	W	T	X	Z	M	X	S	I	L	M	Z
S	N	B	N	L	W	K	F	A	O	F	Z	R	J	O	Y	B	G	E
S	G	A	O	Y	N	W	Q	V	V	F	X	J	X	P	W	T	S	I
U	C	W	K	C	Z	X	E	C	V	X	H	Z	V	L	E	F	L	M

TRAECHTIGKEIT
DEUTSCHER REX
FELV POSITIV
ERKENNUNGSKUSS
VERMENSCHLICHUNG
ENTWOEHNUNG
KATZE
DEHYDRATION
SPUCKEN
MIEZEKATZE

Lösung

C X T F V W I H O Y J K L B H B V R S
W H I S Q O F S S B I Y U D Y E E D D
A P E U Q W D U D N B A E P Q X D E K
Z P K I V Q X F N V P U F J O Q L D P
F Z G K A Y R H E C T S J S M T S M T
G T I O Z U G Q C S L B X F M X U I I
J C T M E P V N C S L G H X J C Y P Y
U V H S J B V H U P T R I E Z T I I E
P E C L E U E K D N N A X Q V W D G U
E R E J S R H G A K H L Z Y M J S F H
R M A J Y Z Y C O T Q E P K O I C Z H
K E R H V B K L L N Z S O X S V S O B
E N T A S H C R N F P E P W J P J P K
N S I C Y S B C A S Z O N U T F F K U
N C L D Q V R S Y P H N G W C N N J E
U H M B A W O O I E Z T C Z I K E R Z
N L T A N J G U N D P G L I V F E Q T
G I T D E H Y D R A T I O N I L G N A
S C R G T M Y J I S X B I W T S Y K K
K H A B B E X Z O W C G C O I E H N E
U U B L S N P T W T X Z M X S I L M Z
S N B N L W K F A O F Z R J O Y B G E
S G A O Y N W Q V V F X J X P W T S I
U C W K C Z X E C V X H Z V L E F L M

X R E K O D B X K A O N Y F F K O I Y
A O I O O C Z C B K W J C X G O B C L
Z Y S K V L I J L H S B M Q I I L G W
V M T P N S V C C I B T Z U I B F A T
G M C X B T M J A E T H D Q B S D B J
P M G N C E Q I G T T K K D Z F G D C
F D P V Y U D P D N A U Y W D E N N I
F E L F V C V S J E E R A Y Q K R Q U
T A Y E U U I H T R T A C Y M R I C S
P O Q B A E Q Z F R E I E R Z P J O G
F X M N K N I C K S C H W A N Z M S N
G I B G V N A U T A L B V D R Z Q V V
E C B Y U I S U P P C X S X R M N M B
D N Q Z D F B G H O C K G K C A E Q N
H O F J P M V R Y J O O C B K S B P E
W T R L C R R D I N F G D J X K B W H
Y X B M H U N S I S F V S B T Z C F C
W Z M U L W B P F F S W J U Q Y F W I
E G Z R L L E F P G D E O R N G R S E
E R C L I U M P N W S X N M A U Z T Z
D N M W K P B M S C Y H F I L Y E L B
L L A F H S A I S J X I X L S M R Q A
Z H C A R B U W W E G W Y L Z W B C T
C A T T E R Y B C I Q I P A Z L K I I

CYMRIC
ABZEICHEN
OCICAT
CATTERY
KAETZIN

KNICKSCHWANZ
FREIER FALL
SPULWURM
VIBRISSEN
BURMILLA

Lösung

X R E K O D B X K A O N Y F F K O I Y

A O I O O C Z C B K W J C X G O B C L

Z Y S K V L I J L H S B M Q I I L G W

V M T P N S V C C I B T Z U I B F A T

G M C X B T M J A E T H D Q B S D B J

P M G N C E Q I G T T K K D Z F G D C

F D P V Y U D P D N A U Y W D E N N I

F E L F V C V S J E E R A Y Q K R Q U

T A Y E U U I H T R T A C Y M R I C S

P O Q B A E Q Z F R E I E R Z P J O G

F X M N K N I C K S C H W A N Z M S N

G I B G V N A U T A L B V D R Z Q V V

E C B Y U I S U P P C X S X R M N M B

D N Q Z D F B G H O C K G K C A E Q N

H O F J P M V R Y J O O C B K S B P E

W T R L C R R D I N F G D J X K B W H

Y X B M H U N S I S F V S B T Z C F C

W Z M U L W B P F F S W J U Q Y F W I

E G Z R L L E F P G D E O R N G R S E

E R C L I U M P N W S X N M A U Z T Z

D N M W K P B M S C Y H F I L Y E L B

L L A F H S A I S J X I X L S M R Q A

Z H C A R B U W W E G W Y L Z W B C T

C A T T E R Y B C I Q I P A Z L K I I

A	Z	Y	S	I	J	X	V	X	U	N	F	R	U	N	L	X	N	C
O	E	Y	F	C	E	U	B	V	X	K	D	A	N	E	R	T	N	R
X	Z	H	E	Z	E	H	D	O	C	L	F	A	J	M	R	M	I	E
P	N	P	N	Y	A	R	N	X	M	P	W	H	O	I	G	S	S	G
T	X	A	G	I	C	I	I	H	E	W	J	Z	R	E	I	S	A	N
R	P	H	E	T	J	H	G	B	R	H	Q	R	D	Y	N	C	N	E
V	R	E	G	G	F	Z	N	V	R	K	D	U	S	Y	U	H	A	A
E	H	L	D	P	P	U	U	V	Q	I	L	K	T	D	P	N	L	G
P	V	S	L	H	X	R	L	X	X	L	T	J	T	O	Y	A	K	L
D	H	F	T	E	N	U	D	C	R	T	R	I	O	O	Y	T	O	E
T	D	S	Z	C	T	P	N	T	T	L	L	S	S	N	W	T	N	Z
A	V	H	B	X	P	U	A	K	J	S	I	Z	C	C	O	E	T	N
Z	U	J	E	E	G	U	H	B	S	X	F	B	A	B	H	R	R	I
M	K	Z	H	P	O	A	Z	H	Z	A	F	T	W	E	V	N	O	E
T	J	I	O	J	G	Z	N	C	R	W	P	A	V	Z	M	L	L	M
O	B	M	L	B	Y	Z	E	P	C	J	M	R	F	O	U	W	L	I
H	C	F	L	F	H	Y	T	E	F	Q	J	U	C	A	T	C	E	E
T	C	E	T	X	Z	Z	E	Z	N	A	X	H	F	R	T	O	L	Z
O	H	L	H	S	O	V	P	W	V	Z	C	C	L	C	W	Z	F	E
F	W	I	D	M	W	Q	P	J	M	S	F	I	R	Y	C	K	E	N
U	H	D	A	K	O	Z	A	B	X	A	N	R	J	C	U	U	G	J
M	F	A	E	F	L	F	Y	Z	V	I	V	D	T	F	N	T	W	F
V	S	E	G	A	T	N	E	Z	T	A	K	T	L	E	W	E	N	E
G	Z	H	S	N	E	N	R	A	H	Z	T	I	R	P	S	H	P	A

5

SCHNATTERN
MIEZEN
ANALKONTROLLE
WELTKATZENTAG
BEZOAR

APPETENZHANDLUNG
SPRITZHARNEN
FELIDAE
BRITISCH KURZHAAR
EINZELGAENGER

Lösung

A Z Y S I J X V X U N F R U N L X N C
O E Y F C E U B V X K D A N E R T N R
X Z H E Z E H D O C L F A J M R M I E
P N P N Y A R N X M P W H O I G S S G
T X A G I C I I H E W J Z R E I S A N
R P H E T J H G B R H Q R D Y N C N E
V R E G G F Z N V R K D U S Y U H A A
E H L D P P U U V Q I L K T D P N L G
P V S L H X R L X X L T J T O Y A K L
D H F T E N U D C R T R I O O Y T O E
T D S Z C T P N T T L L S S N W T N Z
A V H B X P U A K J S I Z C C O E T N
Z U J E E G U H B S X F B A B H R R I
M K Z H P O A Z H Z A F T W E V N O E
T J I O J G Z N C R W P A V Z M L L M
O B M L B Y Z E P C J M R F O U W L I
H C F L F H Y T E F Q J U C A T C E E
T C E T X Z Z E Z N A X H F R T O L Z
O H L H S O V P W V Z C C L C W Z F E
F W I D M W Q P J M S F I R Y C K E N
U H D A K O Z A B X A N R J C U U G J
M F A E F L F Y Z V I V D T F N T W F
V S E G A T N E Z T A K T L E W E N E
G Z H S N E N R A H Z T I R P S H P A

I V C S Y N D R O M Y G G T K J N F U
H T K Z J X L F P X A F R Q J K F B E
G D F F U C S V K M X E K W T J B S N
U Z B T X H X J K D Z V Q Q F U Y N N
J H N E F R A B M N I I Y X G A A H C
C S H U J S Z R Z O K J J Y N C F Y U
V M R U E S D Q K U U C R F K H B U V
V A N E O B B F K M J C E E H X Y D W
H X T K I R E X E Y J E N I Q A Z L I
R G B I X V A V V K F B L O F B W T K
L C B P I M E K K C I S S M M E U T H
E A F P B Y N R O S H S U J M E R U C
Q Y O F U Z O V S H L B T K F R M E P
A F N E F F O T S T S A L L A B I R S
J I K N B Z Y Z U E M X A F T P N K X
P G R S T E V P Z C B Z V H Q T F I C
E X A T F F Y S A Z Y W A K W U E S O
M M L E W O Z J G B Q C W Z E Z K C R
S S L R T R W Q S L K I U I Y G T H N
T A E R A W S X J E K F X M E V I L I
E W N L E F E X Z J H Y O S I C O E S
R L X W Y G D Q C P F W M X W A N V H
R T P S J C G V O G E O G K S V N V S
Q E G A Q U S D I A N E Z T A K C K R

TUERKISCH VAN
CORNISH REX
NACKENBISS
BALLASTSTOFFE
KRALLEN
KATZENAIDS
REVIER
BARFEN
WURMINFEKTION
KIPPFENSTER SYNDROM

Lösung

I V C S Y N D R O M Y G G T K J N F U
H T K Z J X L F P X A F R Q J K F B E
G D F F U C S V K M X E K W T J B S N
U Z B T X H X J K D Z V Q Q F U Y N N
J H N E F R A B M N I I Y X G A A H C
C S H U J S Z R Z O K J J Y N C F Y U
V M R U E S D Q K U U C R F K H B U V
V A N E O B B F K M J C E E H X Y D W
H X T K I R E X E Y J E N I Q A Z L I
R G B I X V A V V K F B L O F B W T K
L C B P I M E K K C I S S M M E U T H
E A F P B Y N R O S H S U J M E R U C
Q Y O F U Z O V S H L B T K F R M E P
A F N E F F O T S T S A L L A B I R S
J I K N B Z Y Z U E M X A F T P N K X
P G R S T E V P Z C B Z V H Q T F I C
E X A T F F Y S A Z Y W A K W U E S O
M M L E W O Z J G B Q C W Z E Z K C R
S S L R T R W Q S L K I U I Y G T H N
T A E R A W S X J E K F X M E V I L I
E W N L E F E X Z J H Y O S I C O E S
R L X W Y G D Q C P F W M X W A N V H
R T P S J C G V O G E O G K S V N V S
Q E G A Q U S D I A N E Z T A K C K R

M	X	X	S	C	A	J	E	K	B	A	X	O	S	F	Z	W	O	T
R	V	Z	F	Q	Z	V	R	Z	L	J	S	X	X	P	T	L	L	A
M	N	E	H	C	U	A	F	K	D	H	L	Q	B	S	N	E	G	C
W	K	J	G	T	T	T	R	L	E	O	Z	T	D	T	K	Z	N	P
X	V	L	I	X	Q	I	W	U	D	K	A	K	O	E	B	T	U	D
K	B	Q	I	C	T	Z	T	X	A	L	C	J	P	P	S	A	L	I
L	V	C	W	I	H	A	A	R	B	A	L	L	E	N	D	K	D	S
R	R	X	S	N	G	I	Z	M	U	K	G	E	H	W	R	S	N	T
W	H	C	C	X	N	E	K	R	A	M	T	F	U	D	O	G	A	A
K	H	F	E	G	I	G	F	T	F	C	K	Z	N	B	H	N	H	N
E	N	F	J	Z	N	Q	H	Y	W	K	Q	I	R	D	G	U	F	Z
S	L	P	E	U	M	Z	R	Z	H	K	C	M	M	U	E	N	U	C
Y	C	Y	E	F	R	V	J	M	L	K	I	N	Y	K	B	H	A	P
Q	X	H	Q	X	M	M	E	L	H	L	T	D	N	Q	A	O	L	Z
V	H	M	W	L	T	Q	Z	A	S	L	U	I	O	U	E	W	R	H
L	Q	J	F	A	J	N	U	S	H	O	Z	K	J	O	R	C	E	I
R	J	P	J	E	N	T	P	A	D	D	H	X	W	F	D	K	E	T
B	R	E	F	B	K	Z	D	Q	H	G	G	C	Z	Z	E	D	L	Q
T	F	Z	Z	D	R	C	V	N	J	A	A	F	X	J	X	B	P	R
Q	L	B	J	O	I	R	C	O	D	R	X	H	J	E	R	S	N	I
K	U	I	K	J	C	Y	K	Y	K	W	A	O	V	L	Z	X	B	G
I	V	J	C	E	R	G	T	O	C	P	R	X	Q	R	C	V	H	G
H	A	B	R	Z	T	K	Y	R	P	P	J	L	L	Q	C	X	U	Z
X	E	G	L	O	P	Y	Q	E	G	Y	S	Y	I	M	F	D	M	R

SCHWANZ
DROHGEBAERDE
WOHNUNGSKATZE
LEERLAUFHANDLUNG
RAGDOLL

KRITISCHE DISTANZ
DUFTMARKEN
NICKHAUT
FAUCHEN
HAARBALLEN

Lösung

M	X	X	S	C	A	J	E	K	B	A	X	O	S	F	Z	W	O	T
R	V	Z	F	Q	Z	V	R	Z	L	J	S	X	X	P	T	L	L	A
M	N	E	H	C	U	A	F	K	D	H	L	Q	B	S	N	E	G	C
W	K	J	G	T	T	T	R	L	E	O	Z	T	D	T	K	Z	N	P
X	V	L	I	X	Q	I	W	U	D	K	A	K	O	E	B	T	U	D
K	B	Q	I	C	T	Z	T	X	A	L	C	J	P	P	S	A	L	I
L	V	C	W	I	H	A	A	R	B	A	L	L	E	N	D	K	D	S
R	R	X	S	N	G	I	Z	M	U	K	G	E	H	W	R	S	N	T
W	H	C	C	X	N	E	K	R	A	M	T	F	U	D	O	G	A	A
K	H	F	E	G	I	G	F	T	F	C	K	Z	N	B	H	N	H	N
E	N	F	J	Z	N	Q	H	Y	W	K	Q	I	R	D	G	U	F	Z
S	L	P	E	U	M	Z	R	Z	H	K	C	M	M	U	E	N	U	C
Y	C	Y	E	F	R	V	J	M	L	K	I	N	Y	K	B	H	A	P
Q	X	H	Q	X	M	M	E	L	H	L	T	D	N	Q	A	O	L	Z
V	H	M	W	L	T	Q	Z	A	S	L	U	I	O	U	E	W	R	H
L	Q	J	F	A	J	N	U	S	H	O	Z	K	J	O	R	C	E	I
R	J	P	J	E	N	T	P	A	D	D	H	X	W	F	D	K	E	T
B	R	E	F	B	K	Z	D	Q	H	G	G	C	Z	Z	E	D	L	Q
T	F	Z	Z	D	R	C	V	N	J	A	A	F	X	J	X	B	P	R
Q	L	B	J	O	I	R	C	O	D	R	X	H	J	E	R	S	N	I
K	U	I	K	J	C	Y	K	Y	K	W	A	O	V	L	Z	X	B	G
I	V	J	C	E	R	G	T	O	C	P	R	X	Q	R	C	V	H	G
H	A	B	R	Z	T	K	Y	R	P	P	J	L	L	Q	C	X	U	Z
X	E	G	L	O	P	Y	Q	E	G	Y	S	Y	I	M	F	D	M	R

K	O	C	X	X	X	B	K	N	L	N	Q	S	M	N	V	G	E	H
H	C	U	A	B	L	E	M	M	O	R	T	R	T	T	Y	Q	S	R
F	Y	W	V	K	I	A	U	X	S	K	O	C	C	P	M	E	H	O
X	A	A	R	H	A	M	H	W	N	H	P	Q	P	I	D	Y	Y	I
H	Q	R	T	J	O	T	W	A	A	Y	O	X	Q	Q	P	J	G	A
R	R	M	R	C	M	I	Z	S	L	A	H	O	N	G	B	M	W	Z
S	F	F	Z	X	X	K	C	E	N	S	B	P	X	R	C	K	W	Q
K	J	H	F	A	J	H	P	N	N	U	K	S	S	K	K	C	X	T
T	K	T	U	G	E	K	W	O	R	K	A	R	Z	T	M	Y	U	W
D	B	A	H	T	I	V	Y	W	L	O	L	T	A	E	N	T	J	E
I	J	W	W	O	C	P	O	J	D	R	S	O	A	U	S	H	P	H
W	L	B	U	E	R	T	S	N	E	Z	T	A	K	Q	S	S	D	Y
I	W	W	R	U	G	S	K	J	E	K	I	E	K	X	V	E	V	P
Y	T	I	W	Y	R	E	E	H	P	W	J	G	C	D	E	N	R	D
B	G	B	R	F	C	R	M	L	N	H	C	F	N	T	F	T	B	B
O	H	K	G	A	J	N	M	J	K	C	I	H	E	R	S	W	G	E
G	E	B	I	S	S	R	K	O	S	A	R	G	N	E	Z	T	A	K
P	U	T	Z	V	E	R	H	A	L	T	E	N	K	A	P	L	L	S
F	V	T	Y	E	S	C	Z	I	L	D	R	F	P	F	M	P	O	I
H	A	X	H	Q	R	T	B	J	U	F	X	T	U	B	I	O	J	P
J	Z	I	E	S	X	K	J	P	T	E	C	M	L	X	Y	W	R	F
Z	K	K	C	J	T	X	O	E	H	F	C	N	R	W	J	R	J	L
F	M	P	R	D	A	J	U	V	O	V	C	Z	C	M	U	G	O	E
W	G	V	D	O	W	E	P	G	K	M	Q	R	L	G	L	W	O	L

TROMMELBAUCH
PUTZVERHALTEN
SPHYNX
KATZENSTREU
ABSZESS

KATZENKLO
ROHASCHE
KATZENGRAS
HALSKRAUSE
GEBISS

Lösung

K	O	C	X	X	X	B	K	N	L	N	Q	S	M	N	V	G	E	H
H	C	U	A	B	L	E	M	M	O	R	T	R	T	T	Y	Q	S	R
F	Y	W	V	K	I	A	U	X	S	K	O	C	C	P	M	E	H	O
X	A	A	R	H	A	M	H	W	N	H	P	Q	P	I	D	Y	Y	I
H	Q	R	T	J	O	T	W	A	A	Y	O	X	Q	Q	P	J	G	A
R	R	M	R	C	M	I	Z	S	L	A	H	O	N	G	B	M	W	Z
S	F	F	Z	X	X	K	C	E	N	S	B	P	X	R	C	K	W	Q
K	J	H	F	A	J	H	P	N	N	U	K	S	S	K	K	C	X	T
T	K	T	U	G	E	K	W	O	R	K	A	R	Z	T	M	Y	U	W
D	B	A	H	T	I	V	Y	W	L	O	L	T	A	E	N	T	J	E
I	J	W	W	O	C	P	O	J	D	R	S	O	A	U	S	H	P	H
W	L	B	U	E	R	T	S	N	E	Z	T	A	K	Q	S	S	D	Y
I	W	W	R	U	G	S	K	J	E	K	I	E	K	X	V	E	V	P
Y	T	I	W	Y	R	E	E	H	P	W	J	G	C	D	E	N	R	D
B	G	B	R	F	C	R	M	L	N	H	C	F	N	T	F	T	B	B
O	H	K	G	A	J	N	M	J	K	C	I	H	E	R	S	W	G	E
G	E	B	I	S	S	R	K	O	S	A	R	G	N	E	Z	T	A	K
P	U	T	Z	V	E	R	H	A	L	T	E	N	K	A	P	L	L	S
F	V	T	Y	E	S	C	Z	I	L	D	R	F	P	F	M	P	O	I
H	A	X	H	Q	R	T	B	J	U	F	X	T	U	B	I	O	J	P
J	Z	I	E	S	X	K	J	P	T	E	C	M	L	X	Y	W	R	F
Z	K	K	C	J	T	X	O	E	H	F	C	N	R	W	J	R	J	L
F	M	P	R	D	A	J	U	V	O	V	C	Z	C	M	U	G	O	E
W	G	V	D	O	W	E	P	G	K	M	Q	R	L	G	L	W	O	L

A	W	I	Z	B	V	Q	E	H	D	K	G	M	Z	E	M	K	L	B
P	R	E	A	P	P	X	U	Y	F	I	M	U	S	U	A	N	A	N
A	I	R	K	L	N	F	I	T	K	M	B	U	R	W	R	A	G	T
T	K	N	H	X	Q	M	U	F	A	G	M	O	P	K	W	V	Q	G
H	Q	S	O	W	Y	F	X	C	X	Z	C	Q	U	W	V	Z	G	E
I	A	N	I	I	P	G	L	A	J	O	I	Z	J	D	G	B	D	Y
E	L	E	C	B	R	U	T	P	F	L	E	G	E	T	R	I	E	B
F	E	L	L	W	E	C	H	S	E	L	Q	J	F	Y	A	E	E	J
P	A	Y	S	B	D	M	W	T	O	A	T	V	N	F	F	P	N	E
P	K	W	H	C	S	I	A	M	E	S	E	C	R	L	R	I	S	D
B	E	B	N	M	T	U	Q	L	U	F	E	A	E	S	P	A	S	X
H	M	R	X	S	E	V	K	F	L	B	D	I	F	Y	F	I	B	J
V	U	R	R	O	O	N	L	A	T	P	S	H	F	O	U	J	C	N
A	N	C	Z	X	A	U	U	U	R	C	M	P	E	Y	N	D	L	O
M	P	A	I	O	J	F	N	H	H	T	H	X	R	K	D	C	O	O
D	J	R	N	U	R	K	B	F	A	B	Y	B	N	Z	R	Q	V	C
S	M	I	R	Z	W	L	R	S	L	O	I	V	T	M	E	P	S	H
Z	W	O	U	Y	N	E	T	M	K	J	K	D	T	Y	C	U	A	A
D	G	L	Q	W	S	H	H	C	X	S	M	K	H	E	H	S	K	X
H	R	F	W	S	A	B	S	C	H	L	A	G	E	N	T	E	E	O
C	D	Y	E	A	A	L	N	P	Q	X	V	J	W	L	F	D	Y	S
W	B	R	R	P	O	U	S	V	N	K	L	T	Y	V	N	C	F	E
Z	N	E	Q	O	F	S	N	G	Z	A	T	F	B	N	E	C	D	I
Q	S	T	M	H	H	V	X	E	T	S	U	M	H	C	S	R	E	V

TASTHAARE

SIAMESE

BARF

VERSCHMUST

FLEISCHFRESSER

FUNDRECHT

ABSCHLAGEN

BRUTPFLEGETRIEB

APATHIE

FELLWECHSEL

Lösung

A	W	I	Z	B	V	Q	E	H	D	K	G	M	Z	E	M	K	L	B
P	R	E	A	P	P	X	U	Y	F	I	M	U	S	U	A	N	A	N
A	I	R	K	L	N	F	I	T	K	M	B	U	R	W	R	A	G	T
T	K	N	H	X	Q	M	U	F	A	G	M	O	P	K	W	V	Q	G
H	Q	S	O	W	Y	F	X	C	X	Z	C	Q	U	W	V	Z	G	E
I	A	N	I	I	P	G	L	A	J	O	I	Z	J	D	G	B	D	Y
E	L	E	C	B	R	U	T	P	F	L	E	G	E	T	R	I	E	B
F	E	L	L	W	E	C	H	S	E	L	Q	J	F	Y	A	E	E	J
P	A	Y	S	B	D	M	W	T	O	A	T	V	N	F	F	P	N	E
P	K	W	H	C	S	I	A	M	E	S	E	C	R	L	R	I	S	D
B	E	B	N	M	T	U	Q	L	U	F	E	A	E	S	P	A	S	X
H	M	R	X	S	E	V	K	F	L	B	D	I	F	Y	F	I	B	J
V	U	R	R	O	O	N	L	A	T	P	S	H	F	O	U	J	C	N
A	N	C	Z	X	A	U	U	U	R	C	M	P	E	Y	N	D	L	O
M	P	A	I	O	J	F	N	H	H	T	H	X	R	K	D	C	O	O
D	J	R	N	U	R	K	B	F	A	B	Y	B	N	Z	R	Q	V	C
S	M	I	R	Z	W	L	R	S	L	O	I	V	T	M	E	P	S	H
Z	W	O	U	Y	N	E	T	M	K	J	K	D	T	Y	C	U	A	A
D	G	L	Q	W	S	H	H	C	X	S	M	K	H	E	H	S	K	X
H	R	F	W	S	A	B	S	C	H	L	A	G	E	N	T	E	E	O
C	D	Y	E	A	A	L	N	P	Q	X	V	J	W	L	F	D	Y	S
W	B	R	R	P	O	U	S	V	N	K	L	T	Y	V	N	C	F	E
Z	N	E	Q	O	F	S	N	G	Z	A	T	F	B	N	E	C	D	I
Q	S	T	M	H	H	V	X	E	T	S	U	M	H	C	S	R	E	V

A	Q	B	F	W	S	W	X	C	P	U	T	Z	E	N	F	M	K	L
Y	G	G	R	Q	H	A	N	A	L	B	E	U	T	E	L	J	W	E
I	B	D	N	R	E	Y	Z	W	H	O	X	J	N	D	H	R	X	T
M	Z	X	E	F	L	B	W	O	X	J	O	K	C	F	E	O	U	L
J	L	P	F	L	L	Z	O	J	M	P	P	I	J	T	G	P	K	E
S	F	Q	P	A	K	O	W	W	Q	H	H	B	T	R	I	E	B	K
N	Q	O	Z	N	O	B	H	L	I	A	E	U	J	E	V	R	D	C
M	O	F	Q	C	B	T	W	A	J	S	M	S	P	I	P	S	Y	U
K	T	A	O	U	D	C	O	S	L	N	Q	U	K	B	A	E	Z	B
O	V	Q	H	R	L	Q	M	C	E	L	R	O	W	E	O	R	S	N
Z	W	K	S	C	P	T	S	Z	U	Z	E	J	V	N	M	M	E	E
Q	O	Q	N	K	F	T	T	N	X	R	A	R	P	R	O	Q	Y	Z
P	K	G	C	D	C	A	A	W	H	S	H	E	G	D	Y	B	O	T
N	V	M	H	Q	K	U	E	Z	V	W	D	F	F	I	W	B	N	A
A	E	I	P	A	R	E	H	T	S	N	O	I	S	R	E	V	A	K
R	O	H	D	H	Z	A	R	G	C	D	P	Q	V	Z	A	U	Y	Q
K	R	R	Q	I	O	C	E	W	A	S	A	K	F	Z	K	Y	F	S
L	K	P	T	O	Y	P	S	R	Q	M	A	L	X	I	U	H	M	B
R	E	J	D	M	S	F	V	F	E	D	H	W	G	J	F	X	B	C
H	S	V	J	W	H	S	E	R	J	G	A	Z	P	Y	Z	G	Z	X
G	N	U	T	L	A	H	F	E	I	H	C	S	F	P	O	K	G	J
Q	C	T	A	Q	L	O	Y	Y	E	L	B	T	O	L	L	W	U	T
I	J	B	K	K	N	T	D	S	F	O	H	B	P	W	V	X	B	L
H	H	D	I	U	J	A	R	U	O	I	P	H	Z	L	J	Y	I	T

TOLLWUT
KATZENBUCKEL
PERSER
KOPFSCHIEFHALTUNG
ANALBEUTEL

FLOHALLERGIE
KATZENMUTTER
REIBEN
AVERSIONSTHERAPIE
PUTZEN

Lösung

A	Q	B	F	W	S	W	X	C	P	U	T	Z	E	N	F	M	K	L
Y	G	G	R	Q	H	A	N	A	L	B	E	U	T	E	L	J	W	E
I	B	D	N	R	E	Y	Z	W	H	O	X	J	N	D	H	R	X	T
M	Z	X	E	F	L	B	W	O	X	J	O	K	C	F	E	O	U	L
J	L	P	F	L	L	Z	O	J	M	P	P	I	J	T	G	P	K	E
S	F	Q	P	A	K	O	W	W	Q	H	H	B	T	R	I	E	B	K
N	Q	O	Z	N	O	B	H	L	I	A	E	U	J	E	V	R	D	C
M	O	F	Q	C	B	T	W	A	J	S	M	S	P	I	P	S	Y	U
K	T	A	O	U	D	C	O	S	L	N	Q	U	K	B	A	E	Z	B
O	V	Q	H	R	L	Q	M	C	E	L	R	O	W	E	O	R	S	N
Z	W	K	S	C	P	T	S	Z	U	Z	E	J	V	N	M	M	E	E
Q	O	Q	N	K	F	T	T	N	X	R	A	R	P	R	O	Q	Y	Z
P	K	G	C	D	C	A	A	W	H	S	H	E	G	D	Y	B	O	T
N	V	M	H	Q	K	U	E	Z	V	W	D	F	F	I	W	B	N	A
A	E	I	P	A	R	E	H	T	S	N	O	I	S	R	E	V	A	K
R	O	H	D	H	Z	A	R	G	C	D	P	Q	V	Z	A	U	Y	Q
K	R	R	Q	I	O	C	E	W	A	S	A	K	F	Z	K	Y	F	S
L	K	P	T	O	Y	P	S	R	Q	M	A	L	X	I	U	H	M	B
R	E	J	D	M	S	F	V	F	E	D	H	W	G	J	F	X	B	C
H	S	V	J	W	H	S	E	R	J	G	A	Z	P	Y	Z	G	Z	X
G	N	U	T	L	A	H	F	E	I	H	C	S	F	P	O	K	G	J
Q	C	T	A	Q	L	O	Y	Y	E	L	B	T	O	L	L	W	U	T
I	J	B	K	K	N	T	D	S	F	O	H	B	P	W	V	X	B	L
H	H	D	I	U	J	A	R	U	O	I	P	H	Z	L	J	Y	I	T

O	I	L	E	K	U	P	X	Z	W	S	W	Z	U	R	F	Q	Q	J
U	E	C	X	R	W	R	B	G	N	Q	V	M	R	Y	P	A	U	K
N	Q	P	M	S	E	Y	O	F	K	N	A	K	I	Z	D	E	H	N
T	K	D	K	B	S	K	A	B	L	R	D	E	H	X	D	T	W	S
U	A	S	W	Z	O	V	O	W	B	D	H	H	C	M	O	D	C	B
G	I	B	E	V	H	J	A	C	X	J	V	K	R	L	N	H	T	A
H	H	L	L	P	P	Z	M	N	H	T	J	S	N	M	O	R	E	H
H	L	Q	O	Z	Y	B	A	Q	R	J	B	W	G	N	L	Q	J	T
I	Y	E	V	J	K	S	C	R	M	U	O	Q	K	H	C	P	M	C
W	R	B	M	A	E	Y	N	R	C	E	J	O	J	H	R	K	A	F
V	H	Q	R	D	Z	T	D	P	F	F	S	G	T	E	U	A	N	G
G	I	L	C	I	M	A	V	M	I	T	X	L	X	C	W	T	X	N
Y	O	E	W	N	D	R	A	A	U	R	R	G	D	U	S	E	B	Q
G	Q	C	P	Q	N	E	D	Y	M	R	C	S	E	F	W	R	Y	X
Y	O	K	L	D	A	K	N	V	S	H	M	K	K	W	T	A	U	O
I	Z	E	P	N	S	C	I	Y	T	T	M	K	Z	L	K	C	X	H
J	I	N	P	U	S	H	K	P	E	C	M	Z	Y	S	T	H	T	K
M	J	T	W	B	F	N	I	E	T	S	N	H	A	Z	J	Y	V	C
G	D	L	H	J	U	V	U	D	T	R	V	F	E	G	Q	A	O	V
E	E	B	B	K	T	L	R	P	Q	P	N	C	I	F	M	E	Z	E
S	W	S	L	L	T	C	N	N	D	V	B	T	V	E	V	D	P	P
A	S	H	D	N	E	T	I	C	M	V	C	Y	J	Y	P	G	K	L
N	M	D	A	L	R	O	A	K	Y	J	S	M	Z	X	T	Y	H	B
D	N	G	D	U	D	G	D	N	O	I	T	A	R	T	S	A	K	T

11

KATER
LECKEN
ZAHNSTEIN
MANX
NASE AN NASE

KYPHOSE
SCHONKOST
HYBRIDEN
NASSFUTTER
KASTRATION

Lösung

O	I	L	E	K	U	P	X	Z	W	S	W	Z	U	R	F	Q	Q	J
U	E	C	X	R	W	R	B	G	N	Q	V	M	R	Y	P	A	U	K
N	Q	P	M	S	E	Y	O	F	K	N	A	K	I	Z	D	E	H	N
T	K	D	K	B	S	K	A	B	L	R	D	E	H	X	D	T	W	S
U	A	S	W	Z	O	V	O	W	B	D	H	H	C	M	O	D	C	B
G	I	B	E	V	H	J	A	C	X	J	V	K	R	L	N	H	T	A
H	H	L	L	P	P	Z	M	N	H	T	J	S	N	M	O	R	E	H
H	L	Q	O	Z	Y	B	A	Q	R	J	B	W	G	N	L	Q	J	T
I	Y	E	V	J	K	S	C	R	M	U	O	Q	K	H	C	P	M	C
W	R	B	M	A	E	Y	N	R	C	E	J	O	J	H	R	K	A	F
V	H	Q	R	D	Z	T	D	P	F	F	S	G	T	E	U	A	N	G
G	I	L	C	I	M	A	V	M	I	T	X	L	X	C	W	T	X	N
Y	O	E	W	N	D	R	A	A	U	R	R	G	D	U	S	E	B	Q
G	Q	C	P	Q	N	E	D	Y	M	R	C	S	E	F	W	R	Y	X
Y	O	K	L	D	A	K	N	V	S	H	M	K	K	W	T	A	U	O
I	Z	E	P	N	S	C	I	Y	T	T	M	K	Z	L	K	C	X	H
J	I	N	P	U	S	H	K	P	E	C	M	Z	Y	S	T	H	T	K
M	J	T	W	B	F	N	I	E	T	S	N	H	A	Z	J	Y	V	C
G	D	L	H	J	U	V	U	D	T	R	V	F	E	G	Q	A	O	V
E	E	B	B	K	T	L	R	P	Q	P	N	C	I	F	M	E	Z	E
S	W	S	L	L	T	C	N	N	D	V	B	T	V	E	V	D	P	P
A	S	H	D	N	E	T	I	C	M	V	C	Y	J	Y	P	G	K	L
N	M	D	A	L	R	O	A	K	Y	J	S	M	Z	X	T	Y	H	B
D	N	G	D	U	D	G	D	N	O	I	T	A	R	T	S	A	K	T

Y B Z O D Q J X N E C D C Q P E L E X
B N O W X Q M B Y D X O D W X H A F Z
U O O Y K T E B O L M A I N E H F C U
W Y R O K D R W A L D K A T Z E T Z I
Y Q G N C B D F T M O E V I U W T Z O
I M U X J T P Z F V I N G N B O E Z L
D M H V K B M G N J Z R C X U V W A O
M T Y E T N E M E R K N O K K S W B T
W T L X E N A S Z M Z H F B K J B K U
Z D I C L J C Q J E X F O P U Y Q M W
O E A N S T E C K U N G S W E G B X S
K G D R A I G Y C O G P G L J K E O R
I C R L V L Z B V M C I V E T B S A I
W X A M M K S B Q K C X N A U H C T N
R N A L J Y E B E N G A L C H P H C U
M Q H A V W H B N A H E M S A L N U J
E W Z P E U A I G E M H C M W M U N V
Y F R E P Z K J A Y O R R V U M P C T
F A U R T Q R F Q B O I O O L M P L I
W I K M U F U L B E B W T K Z U E C T
J W D I J Z L J Y W M C J M Z C R V M
P N S C D Z R R G S L T C T B M N S U
N H E I L I G E Z M L I N L Q T Z I X
S Q Z U C G R E S U E A H T R A K Z G

12

ANSTECKUNGSWEG
HEILIGE BIRMA
CNI
KONKREMENTE
LAPERM KURZHAAR
KARTHAEUSER
WALDKATZE
BESCHNUPPERN
MAINE COON
BENGAL

Lösung

Y	B	Z	O	D	Q	J	X	N	E	C	D	C	Q	P	E	L	E	X
B	N	O	W	X	Q	M	B	Y	D	X	O	D	W	X	H	A	F	Z
U	O	O	Y	K	T	E	B	O	L	M	A	I	N	E	H	F	C	U
W	Y	R	O	K	D	R	W	A	L	D	K	A	T	Z	E	T	Z	I
Y	Q	G	N	C	B	D	F	T	M	O	E	V	I	U	W	T	Z	O
I	M	U	X	J	T	P	Z	F	V	I	N	G	N	B	O	E	Z	L
D	M	H	V	K	B	M	G	N	J	Z	R	C	X	U	V	W	A	O
M	T	Y	E	T	N	E	M	E	R	K	N	O	K	K	S	W	B	T
W	T	L	X	E	N	A	S	Z	M	Z	H	F	B	K	J	B	K	U
Z	D	I	C	L	J	C	Q	J	E	X	F	O	P	U	Y	Q	M	W
O	E	A	N	S	T	E	C	K	U	N	G	S	W	E	G	B	X	S
K	G	D	R	A	I	G	Y	C	O	G	P	G	L	J	K	E	O	R
I	C	R	L	V	L	Z	B	V	M	C	I	V	E	T	B	S	A	I
W	X	A	M	M	K	S	B	Q	K	C	X	N	A	U	H	C	T	N
R	N	A	L	J	Y	E	B	E	N	G	A	L	C	H	P	H	C	U
M	Q	H	A	V	W	H	B	N	A	H	E	M	S	A	L	N	U	J
E	W	Z	P	E	U	A	I	G	E	M	H	C	M	W	M	U	N	V
Y	F	R	E	P	Z	K	J	A	Y	O	R	R	V	U	M	P	C	T
F	A	U	R	T	Q	R	F	Q	B	O	I	O	O	L	M	P	L	I
W	I	K	M	U	F	U	L	B	E	B	W	T	K	Z	U	E	C	T
J	W	D	I	J	Z	L	J	Y	W	M	C	J	M	Z	C	R	V	M
P	N	S	C	D	Z	R	R	G	S	L	T	C	T	B	M	N	S	U
N	H	E	I	L	I	G	E	Z	M	L	I	N	L	Q	T	Z	I	X
S	Q	Z	U	C	G	R	E	S	U	E	A	H	T	R	A	K	Z	G

G	A	K	X	K	J	P	I	T	F	E	M	P	C	M	N	G	G	R
N	U	B	X	K	H	T	L	W	M	S	I	H	X	N	A	E	V	H
U	L	Y	Z	U	M	K	S	E	Q	D	N	D	E	I	G	F	L	A
R	Y	V	B	P	A	F	I	N	O	J	J	Y	Q	U	J	X	X	U
E	Y	Q	A	B	Q	S	Y	P	Y	F	I	T	X	G	T	G	X	S
H	U	O	L	W	F	K	G	E	P	K	S	M	L	K	X	G	S	K
C	P	W	I	T	I	E	K	G	I	L	L	O	R	K	M	X	J	A
I	H	V	N	P	Q	S	P	U	E	O	W	K	D	D	A	S	T	T
S	F	C	E	K	O	R	F	G	Y	Z	M	M	O	Z	S	W	C	Z
N	C	V	S	M	K	P	K	R	R	O	Z	R	X	T	M	S	Z	E
O	E	E	E	R	Z	Q	I	B	F	K	M	P	C	P	D	N	K	L
K	V	T	E	Q	Q	J	Z	F	O	T	M	P	Z	Q	V	P	J	A
L	Z	E	T	H	O	L	O	R	R	L	I	P	C	G	J	Y	J	B
A	J	Q	Y	I	C	S	A	M	E	L	S	W	O	F	F	H	C	W
B	T	F	Q	X	K	T	N	E	S	F	J	E	N	Q	B	J	V	R
L	I	X	E	B	M	P	R	O	Q	M	X	N	E	S	I	W	K	I
C	W	M	A	A	Z	L	U	V	V	A	M	H	M	H	X	J	W	U
X	U	W	V	R	R	M	E	G	H	F	K	E	H	H	Y	J	G	W
D	C	M	F	I	N	Y	A	L	Y	F	S	A	E	E	U	Y	F	M
B	E	T	F	J	S	H	I	R	H	U	N	Z	L	C	D	X	Y	U
R	E	T	L	A	H	N	E	Z	T	A	K	K	F	I	G	Y	Y	Q
R	M	W	J	E	E	W	H	R	G	J	W	C	L	D	E	L	O	S
J	R	G	Z	F	O	N	V	Q	Q	L	X	E	G	S	S	A	U	E
A	P	P	E	T	I	T	L	O	S	I	G	K	E	I	T	S	J	A

13

ROLLIGKEIT

APPETITLOSIGKEIT

BALINESE

KITTEN

FLEHMEN

BALKONSICHERUNG

HAUSKATZE

KORAT

ECKZAEHNE

KATZENHALTER

Lösung

G A K X K J P I T F E M P C M N G G R
N U B X K H T L W M S I H X N A E V H
U L Y Z U M K S E Q D N D E I G F L A
R Y V B P A F I N O J J Y Q U J X X U
E Y Q A B Q S Y P Y F I T X G T G X S
H U O L W F K G E P K S M L K X G S K
C P W I T I E K G I L L O R K M X J A
I H V N P Q S P U E O W K D D A S T T
S F C E K O R F G Y Z M M O Z S W C Z
N C V S M K P K R R O Z R X T M S Z E
O E E E R Z Q I B F K M P C P D N K L
K V T E Q Q J Z F O T M P Z Q V P J A
L Z E T H O L O R R L I P C G J Y J B
A J Q Y I C S A M E L S W O F F H C W
B T F Q X K T N E S F J E N Q B J V R
L I X E B M P R O Q M X N E S I W K I
C W M A A Z L U V V A M H M H X J W U
X U W V R R M E G H F K E H H Y J G W
D C M F I N Y A L Y F S A E E U Y F M
B E T F J S H I R H U N Z L C D X Y U
R E T L A H N E Z T A K K F I G Y Y Q
R M W J E E W H R G J W C L D E L O S
J R G Z F O N V Q Q L X E G S S A U E
A P P E T I T L O S I G K E I T S J A

H	X	D	E	Z	T	A	K	E	S	S	A	R	L	S	F	Y	K	H
G	E	E	W	H	I	G	V	K	I	R	R	L	R	V	E	L	L	C
M	T	J	J	Z	R	M	U	O	L	O	W	P	G	T	L	P	G	U
M	I	A	M	R	U	B	P	L	G	D	T	S	X	O	L	K	N	G
G	R	W	T	R	U	J	Y	O	U	Y	I	G	K	D	V	X	U	X
J	D	E	S	K	E	T	B	S	N	K	E	G	T	A	E	G	R	Y
M	K	E	E	J	D	R	B	T	Z	I	G	H	N	B	R	T	P	J
F	N	N	N	Y	A	L	A	R	H	G	E	Q	L	K	L	T	S	C
Y	M	V	T	A	R	I	A	A	Q	Y	L	R	W	P	U	F	L	G
O	D	A	W	M	W	F	K	L	H	K	O	M	G	I	S	U	E	T
F	M	D	U	U	A	A	G	M	K	T	B	N	S	E	T	N	I	V
R	I	A	R	H	O	A	B	I	Q	G	R	X	S	P	H	X	Z	T
Q	L	C	M	X	G	G	S	L	E	M	S	A	L	J	W	A	M	C
M	C	T	E	J	B	R	U	C	J	B	Z	T	B	C	R	C	B	G
Z	H	X	N	H	T	G	L	H	R	G	A	V	B	E	U	F	I	E
T	T	C	B	S	I	O	L	Y	Z	S	S	N	I	D	X	Q	Y	W
N	R	R	C	G	V	N	I	E	B	N	E	G	N	U	Z	V	I	B
E	I	T	P	I	D	N	Z	A	V	S	K	N	X	O	N	Z	Q	E
F	T	S	I	Z	H	T	A	J	B	M	K	G	J	R	K	W	A	H
M	T	V	Q	L	Y	Z	Q	Q	Y	X	I	Y	B	T	D	K	W	J
X	D	A	I	M	F	B	Q	T	I	R	I	V	R	B	F	E	L	I
U	N	H	H	Y	C	E	S	G	R	O	I	O	W	F	G	G	K	D
A	F	M	T	H	B	G	N	D	W	F	H	L	S	G	A	B	H	D
M	Y	V	P	X	L	C	Y	O	F	A	C	O	Z	E	T	N	C	Q

BURMA
FELLVERLUST
KOLOSTRALMILCH
MILCHTRITT
IMPONIERGEHABE

ENTWURMEN
ZUNGENBEIN
RASSEKATZE
BARTHAARE
ZIELSPRUNG

Lösung

H X D E Z T A K E S S A R L S F Y K H
G E E W H I G V K I R R L R V E L L C
M T J J Z R M U O L O W P G T L P G U
M I A M R U B P L G D T S X O L K N G
G R W T R U J Y O U Y I G K D V X U X
J D E S K E T B S N K E G T A E G R Y
M K E E J D R B T Z I G H N B R T P J
F N N N Y A L A R H G E Q L K L T S C
Y M V T A R I A A Q Y L R W P U F L G
O D A W M W F K L H K O M G I S U E T
F M D U U A A G M K T B N S E T N I V
R I A R H O A B I Q G R X S P H X Z T
Q L C M X G G S L E M S A L J W A M C
M C T E J B R U C J B Z T B C R C B G
Z H X N H T G L H R G A V B E U F I E
T T C B S I O L Y Z S S N I D X Q Y W
N R R C G V N I E B N E G N U Z V I B
E I T P I D N Z A V S K N X O N Z Q E
F T S I Z H T A J B M K G J R K W A H
M T V Q L Y Z Q Q Y X I Y B T D K W J
X D A I M F B Q T I R I V R B F E L I
U N H H Y C E S G R O I O W F G G K D
A F M T H B G N D W F H L S G A B H D
M Y V P X L C Y O F A C O Z E T N C Q

N	V	N	D	L	J	X	C	O	J	W	N	T	B	W	Z	F	Y	A
I	A	Q	S	Z	P	T	W	A	F	G	H	V	O	A	Z	U	X	L
H	N	S	D	E	V	A	Z	F	T	L	K	P	R	S	L	H	J	W
X	Z	G	T	U	F	P	V	R	Q	A	R	G	V	W	S	P	F	I
I	H	S	W	S	N	B	R	E	C	Y	G	I	K	F	V	Z	V	I
U	S	B	T	B	J	Y	H	S	A	X	R	I	X	T	P	R	N	C
P	I	R	B	M	M	B	E	S	R	E	D	P	L	K	A	S	E	I
V	H	G	L	V	K	N	U	G	N	U	H	J	N	I	V	S	T	L
K	H	F	R	A	D	E	B	E	I	G	R	E	N	E	T	L	I	A
A	Z	N	A	O	X	D	E	W	V	R	A	I	H	L	V	Y	S	C
T	I	Z	S	L	M	Q	G	O	O	D	R	T	N	S	K	A	A	E
Z	Z	G	K	C	N	E	Z	H	R	K	D	U	Y	P	Z	B	R	N
E	C	G	Q	V	R	Z	T	N	E	W	Q	D	Q	H	S	K	A	I
N	H	A	Y	S	O	M	U	H	Z	E	Z	R	S	U	A	J	P	L
S	N	X	N	D	X	O	H	E	I	J	P	T	P	T	C	T	B	E
E	H	G	B	P	O	H	C	I	G	V	M	P	Z	E	H	U	W	F
U	S	W	C	S	J	L	S	T	E	I	A	E	H	C	U	S	M	C
C	V	W	B	C	U	W	V	B	A	W	N	Y	E	A	W	Q	V	X
H	E	X	X	B	V	S	T	D	K	A	Z	R	Y	P	E	L	U	E
E	G	X	W	U	M	W	J	V	U	R	E	L	G	F	H	U	O	O
M	R	Z	A	R	S	X	G	G	Z	G	V	X	R	S	N	V	F	Q
M	E	Z	I	Q	M	C	E	P	T	S	S	A	T	O	G	Y	A	J
E	S	Q	D	N	G	N	U	R	U	Q	A	V	R	T	W	J	M	E
H	I	G	O	D	A	B	A	T	H	G	E	T	E	N	N	Z	L	X

15

FRESSGEWOHNHEIT
FELINECALICI VIREN
CARNIVORE
KATZENSEUCHE
KATZENAUGEN
CATAGILITY
SCHUTZGEBUEHR
ARTGERECHT
ENERGIEBEDARF
PARASITEN

Lösung

N	V	N	D	L	J	X	C	O	J	W	N	T	B	W	Z	F	Y	A
I	A	Q	S	Z	P	T	W	A	F	G	H	V	O	A	Z	U	X	L
H	N	S	D	E	V	A	Z	F	T	L	K	P	R	S	L	H	J	W
X	Z	G	T	U	F	P	V	R	Q	A	R	G	V	W	S	P	F	I
I	H	S	W	S	N	B	R	E	C	Y	G	I	K	F	V	Z	V	I
U	S	B	T	B	J	Y	H	S	A	X	R	I	X	T	P	R	N	C
P	I	R	B	M	M	B	E	S	R	E	D	P	L	K	A	S	E	I
V	H	G	L	V	K	N	U	G	N	U	H	J	N	I	V	S	T	L
K	H	F	R	A	D	E	B	E	I	G	R	E	N	E	T	L	I	A
A	Z	N	A	O	X	D	E	W	V	R	A	I	H	L	V	Y	S	C
T	I	Z	S	L	M	Q	G	O	O	D	R	T	N	S	K	A	A	E
Z	Z	G	K	C	N	E	Z	H	R	K	D	U	Y	P	Z	B	R	N
E	C	G	Q	V	R	Z	T	N	E	W	Q	D	Q	H	S	K	A	I
N	H	A	Y	S	O	M	U	H	Z	E	Z	R	S	U	A	J	P	L
S	N	X	N	D	X	O	H	E	I	J	P	T	P	T	C	T	B	E
E	H	G	B	P	O	H	C	I	G	V	M	P	Z	E	H	U	W	F
U	S	W	C	S	J	L	S	T	E	I	A	E	H	C	U	S	M	C
C	V	W	B	C	U	W	V	B	A	W	N	Y	E	A	W	Q	V	X
H	E	X	X	B	V	S	T	D	K	A	Z	R	Y	P	E	L	U	E
E	G	X	W	U	M	W	J	V	U	R	E	L	G	F	H	U	O	O
M	R	Z	A	R	S	X	G	G	Z	G	V	X	R	S	N	V	F	Q
M	E	Z	I	Q	M	C	E	P	T	S	S	A	T	O	G	Y	A	J
E	S	Q	D	N	G	N	U	R	U	Q	A	V	R	T	W	J	M	E
H	I	G	O	D	A	B	A	T	H	G	E	T	E	N	N	Z	L	X

E	G	V	C	E	R	A	A	H	R	R	U	N	H	C	S	S	T	H
L	U	E	E	Q	X	Z	F	W	G	M	G	G	I	N	H	Z	P	O
L	I	E	E	C	N	K	M	V	U	U	Z	M	R	K	I	L	X	S
E	A	P	H	U	O	U	J	T	C	J	M	P	L	P	N	A	X	V
A	I	N	C	N	S	R	C	P	M	B	E	F	U	J	H	Y	T	S
F	K	X	A	G	Y	W	D	K	M	I	X	I	M	F	S	R	Z	U
B	A	D	R	Z	X	M	P	R	E	E	L	Z	E	P	C	C	I	U
A	E	T	P	W	H	Y	X	A	B	I	A	L	Q	V	H	X	Q	F
T	T	Z	S	I	I	V	A	L	S	G	B	I	E	Z	A	D	Q	R
H	Z	T	R	V	P	M	O	L	C	R	Z	M	U	K	E	I	L	R
C	C	F	E	J	D	U	Y	E	F	E	F	J	I	X	R	A	X	F
A	H	X	P	S	J	I	C	N	Z	L	G	O	Y	G	F	V	C	T
L	E	U	R	I	R	R	V	P	V	L	T	B	W	R	E	G	V	Q
H	N	B	E	Z	F	O	G	J	N	A	L	W	R	C	N	D	U	N
C	D	V	O	D	L	T	J	B	J	O	A	I	V	Q	Z	E	W	Q
S	S	F	K	B	U	I	V	D	U	L	U	Z	E	D	D	I	A	K
N	D	O	K	I	R	R	P	Y	Y	T	W	S	S	F	Y	N	P	P
X	D	Y	R	B	S	R	U	J	I	D	E	H	U	E	A	C	J	E
M	M	E	R	V	G	E	I	S	N	W	B	L	R	L	W	J	B	D
T	H	L	K	E	V	T	G	F	N	N	L	U	D	X	U	V	A	I
A	H	A	O	S	H	A	O	T	R	P	D	U	J	S	Y	X	E	G
D	V	B	B	R	I	G	K	N	C	F	F	T	T	C	F	F	I	R
F	H	F	Z	K	Z	M	J	Q	Q	T	K	P	R	U	R	F	R	E
K	V	R	D	R	N	N	N	O	I	D	B	N	E	T	O	F	P	E

16

PEDIGREE
ALLERGIE
KAETZCHEN
SCHNURRHAARE
ANALDUFT
PFOTEN
TERRITORIUM
SCHLACHTABFAELLE
KRALLEN SCHAERFEN
KOERPERSPRACHE

Lösung

E	G	V	C	E	R	A	A	H	R	R	U	N	H	C	S	S	T	H
L	U	E	E	Q	X	Z	F	W	G	M	G	G	I	N	H	Z	P	O
L	I	E	E	C	N	K	M	V	U	U	Z	M	R	K	I	L	X	S
E	A	P	H	U	O	U	J	T	C	J	M	P	L	P	N	A	X	V
A	I	N	C	N	S	R	C	P	M	B	E	F	U	J	H	Y	T	S
F	K	X	A	G	Y	W	D	K	M	I	X	I	M	F	S	R	Z	U
B	A	D	R	Z	X	M	P	R	E	E	L	Z	E	P	C	C	I	U
A	E	T	P	W	H	Y	X	A	B	I	A	L	Q	V	H	X	Q	F
T	T	Z	S	I	I	V	A	L	S	G	B	I	E	Z	A	D	Q	R
H	Z	T	R	V	P	M	O	L	C	R	Z	M	U	K	E	I	L	R
C	C	F	E	J	D	U	Y	E	F	E	F	J	I	X	R	A	X	F
A	H	X	P	S	J	I	C	N	Z	L	G	O	Y	G	F	V	C	T
L	E	U	R	I	R	R	V	P	V	L	T	B	W	R	E	G	V	Q
H	N	B	E	Z	F	O	G	J	N	A	L	W	R	C	N	D	U	N
C	D	V	O	D	L	T	J	B	J	O	A	I	V	Q	Z	E	W	Q
S	S	F	K	B	U	I	V	D	U	L	U	Z	E	D	D	I	A	K
N	D	O	K	I	R	R	P	Y	Y	T	W	S	S	F	Y	N	P	P
X	D	Y	R	B	S	R	U	J	I	D	E	H	U	E	A	C	J	E
M	M	E	R	V	G	E	I	S	N	W	B	L	R	L	W	J	B	D
T	H	L	K	E	V	T	G	F	N	N	L	U	D	X	U	V	A	I
A	H	A	O	S	H	A	O	T	R	P	D	U	J	S	Y	X	E	G
D	V	B	B	R	I	G	K	N	C	F	F	T	T	C	F	F	I	R
F	H	F	Z	K	Z	M	J	Q	Q	T	K	P	R	U	R	F	R	E
K	V	R	D	R	N	N	N	O	I	D	B	N	E	T	O	F	P	E

B	K	H	I	W	T	M	U	I	P	U	M	Z	Y	X	E	O	V	S
Q	G	D	F	P	K	F	N	C	Y	Y	W	I	N	A	R	E	T	X
Z	O	J	S	O	M	A	H	H	V	D	A	M	R	J	V	U	Y	N
G	L	D	I	P	B	C	L	A	J	E	V	U	R	S	K	J	C	E
V	L	P	A	X	C	T	V	O	H	I	P	P	X	E	E	S	K	R
Y	C	N	O	C	U	U	K	Q	B	A	M	N	Q	L	P	T	M	E
B	L	L	A	L	M	U	T	R	G	O	I	V	F	R	Y	A	H	I
C	I	Z	Y	X	S	J	I	N	E	K	H	M	J	P	Y	R	L	K
B	Y	N	Q	P	G	S	I	H	X	E	Y	H	P	H	N	Q	K	R
A	E	C	S	P	S	S	R	Y	Q	I	N	T	R	F	N	R	E	A
L	R	U	O	A	P	T	J	D	I	L	Z	M	R	E	B	C	S	M
K	V	P	E	I	K	A	T	E	R	B	A	C	K	E	N	O	W	Z
O	R	U	N	T	R	E	G	I	T	N	E	B	U	T	S	V	E	T
N	Z	E	K	C	Z	M	H	B	Z	P	U	X	T	W	K	O	L	A
N	P	Y	B	U	X	E	H	K	C	Z	O	I	V	E	H	W	A	R
E	D	Q	U	V	K	J	Z	V	J	V	G	K	R	S	X	P	T	K
T	R	Y	B	F	F	M	X	U	J	U	A	U	W	A	P	Q	R	M
Z	K	N	C	B	A	N	D	W	U	R	M	O	S	S	U	D	W	N
Y	K	D	N	F	B	T	D	Q	D	N	N	N	S	S	S	U	O	C
L	L	N	P	Q	V	O	A	A	M	S	X	G	N	S	B	W	N	R
Q	W	A	F	Y	K	K	K	A	F	A	Y	J	V	V	C	E	N	H
P	S	F	I	S	C	H	O	E	L	L	R	Y	H	L	G	N	L	D
I	W	R	J	X	Q	R	A	A	H	G	N	A	L	O	X	J	D	C
L	Y	Q	W	B	Q	B	J	Q	K	U	N	Q	D	L	Z	A	O	A

17

SINGAPURA
BANDWURM
BALKONNETZ
VIBRISSAE
FISCHOEL

KATERBACKEN
SNOWSHOE
STUBENTIGER
KRATZMARKIEREN
LAPERM LANGHAAR

Lösung

B	K	H	I	W	T	M	U	I	P	U	M	Z	Y	X	E	O	V	S
Q	G	D	F	P	K	F	N	C	Y	Y	W	I	N	A	R	E	T	X
Z	O	J	S	O	M	A	H	H	V	D	A	M	R	J	V	U	Y	N
G	L	D	I	P	B	C	L	A	J	E	V	U	R	S	K	J	C	E
V	L	P	A	X	C	T	V	O	H	I	P	P	X	E	E	S	K	R
Y	C	N	O	C	U	U	K	Q	B	A	M	N	Q	L	P	T	M	E
B	L	L	A	L	M	U	T	R	G	O	I	V	F	R	Y	A	H	I
C	I	Z	Y	X	S	J	I	N	E	K	H	M	J	P	Y	R	L	K
B	Y	N	Q	P	G	S	I	H	X	E	Y	H	P	H	N	Q	K	R
A	E	C	S	P	S	S	R	Y	Q	I	N	T	R	F	N	R	E	A
L	R	U	O	A	P	T	J	D	I	L	Z	M	R	E	B	C	S	M
K	V	P	E	I	K	A	T	E	R	B	A	C	K	E	N	O	W	Z
O	R	U	N	T	R	E	G	I	T	N	E	B	U	T	S	V	E	T
N	Z	E	K	C	Z	M	H	B	Z	P	U	X	T	W	K	O	L	A
N	P	Y	B	U	X	E	H	K	C	Z	O	I	V	E	H	W	A	R
E	D	Q	U	V	K	J	Z	V	J	V	G	K	R	S	X	P	T	K
T	R	Y	B	F	F	M	X	U	J	U	A	U	W	A	P	Q	R	M
Z	K	N	C	B	A	N	D	W	U	R	M	O	S	S	U	D	W	N
Y	K	D	N	F	B	T	D	Q	D	N	N	N	S	S	S	U	O	C
L	L	N	P	Q	V	O	A	A	M	S	X	G	N	S	B	W	N	R
Q	W	A	F	Y	K	K	K	A	F	A	Y	J	V	V	C	E	N	H
P	S	F	I	S	C	H	O	E	L	L	R	Y	H	L	G	N	L	D
I	W	R	J	X	Q	R	A	A	H	G	N	A	L	O	X	J	D	C
L	Y	Q	W	B	Q	B	J	Q	K	U	N	Q	D	L	Z	A	O	A

N	L	G	P	Y	J	U	N	T	E	R	F	E	L	L	V	K	L	E
E	L	D	D	H	I	Y	X	D	W	O	G	T	L	M	O	R	Q	Q
F	A	N	S	T	O	S	S	K	O	N	T	R	O	L	L	E	X	B
P	F	P	T	P	R	A	W	O	B	Q	R	L	C	R	E	T	M	H
U	P	W	W	W	B	O	E	X	J	X	V	J	T	K	K	T	W	H
N	T	G	I	W	L	O	Q	E	K	F	X	X	Y	B	G	U	S	Z
H	P	F	L	D	E	W	U	S	N	N	J	R	X	T	R	F	F	D
C	N	I	E	H	Z	P	J	E	D	D	Z	B	W	P	X	N	I	Q
S	H	H	S	M	N	B	L	Q	B	T	U	H	X	J	I	E	J	J
N	Y	Q	H	C	I	G	K	K	C	E	Y	U	M	E	U	K	D	C
E	K	K	C	A	M	G	E	B	D	G	R	F	C	K	E	C	K	O
Z	N	G	E	A	N	V	I	N	E	I	N	S	L	U	E	O	E	Y
T	P	U	W	F	E	I	J	I	X	P	S	C	P	S	S	R	F	I
A	D	N	R	L	Z	M	H	N	D	N	R	N	G	R	U	T	F	O
K	D	C	A	T	T	H	U	O	I	O	N	Z	N	C	U	G	R	X
U	X	M	A	A	A	T	Q	Q	I	P	M	M	D	H	X	N	R	Z
S	Y	O	H	P	K	Q	Y	Q	J	R	B	A	T	S	A	V	G	D
U	Z	Q	E	C	R	E	I	N	I	S	S	E	B	A	O	M	X	U
R	Q	I	U	G	M	T	B	W	V	O	I	W	P	I	F	F	U	V
T	U	H	Q	U	Y	K	Y	F	P	W	J	B	E	P	Z	T	B	P
S	B	F	Q	M	K	X	D	P	F	O	T	E	N	H	I	E	B	N
E	F	L	Q	U	O	S	F	M	C	C	D	X	B	Y	W	H	B	S
O	M	X	Q	G	D	V	J	E	I	J	J	G	Y	N	A	L	R	Y
K	X	C	A	F	M	S	C	I	H	S	W	L	N	I	T	H	Q	K

HAARWECHSEL
ABESSINIER
KATZENSCHNUPFEN
TROCKENFUTTER
PFOTENHIEB

OESTRUS
KATZENMINZE
ANSTOSSKONTROLLE
UEBERSPRUNG
UNTERFELL

N	L	G	P	Y	J	U	N	T	E	R	F	E	L	L	V	K	L	E
E	L	D	D	H	I	Y	X	D	W	O	G	T	L	M	O	R	Q	Q
F	A	N	S	T	O	S	S	K	O	N	T	R	O	L	L	E	X	B
P	F	P	T	P	R	A	W	O	B	Q	R	L	C	R	E	T	M	H
U	P	W	W	W	B	O	E	X	J	X	V	J	T	K	K	T	W	H
N	T	G	I	W	L	O	Q	E	K	F	X	X	Y	B	G	U	S	Z
H	P	F	L	D	E	W	U	S	N	N	J	R	X	T	R	F	F	D
C	N	I	E	H	Z	P	J	E	D	D	Z	B	W	P	X	N	I	Q
S	H	H	S	M	N	B	L	Q	B	T	U	H	X	J	I	E	J	J
N	Y	Q	H	C	I	G	K	K	C	E	Y	U	M	E	U	K	D	C
E	K	K	C	A	M	G	E	B	D	G	R	F	C	K	E	C	K	O
Z	N	G	E	A	N	V	I	N	E	I	N	S	L	U	E	O	E	Y
T	P	U	W	F	E	I	J	I	X	P	S	C	P	S	S	R	F	I
A	D	N	R	L	Z	M	H	N	D	N	R	N	G	R	U	T	F	O
K	D	C	A	T	T	H	U	O	I	O	N	Z	N	C	U	G	R	X
U	X	M	A	A	A	T	Q	Q	I	P	M	M	D	H	X	N	R	Z
S	Y	O	H	P	K	Q	Y	Q	J	R	B	A	T	S	A	V	G	D
U	Z	Q	E	C	R	E	I	N	I	S	S	E	B	A	O	M	X	U
R	Q	I	U	G	M	T	B	W	V	O	I	W	P	I	F	F	U	V
T	U	H	Q	U	Y	K	Y	F	P	W	J	B	E	P	Z	T	B	P
S	B	F	Q	M	K	X	D	P	F	O	T	E	N	H	I	E	B	N
E	F	L	Q	U	O	S	F	M	C	C	D	X	B	Y	W	H	B	S
O	M	X	Q	G	D	V	J	E	I	J	J	G	Y	N	A	L	R	Y
K	X	C	A	F	M	S	C	I	H	S	W	L	N	I	T	H	Q	K